Torsten Weidnitzer

Das 300 Millionen Ding

Der Fall Lettmüller

Ueberreuter

CIP-Titelaufnahme der Deutschen Bibliothek

Weidnitzer, Torsten:
Das 300 Millionen Ding. Der Fall Lettmüller/
Torsten Weidnitzer. - Wien: Ueberreuter, 1989
  ISBN 3-8000-3279-1

BILDNACHWEIS:
(der Reihe nach)

Josef Schröpfer; Pöchhacker; Pöchhacker; Pöchhacker; Peter
Wolfgang Surovic; Peter Wolfgang Surovic; Harald Potzmader; Biro;
Biro; Josef Schröpfer; Biro; Peter Wolfgang Surovic; Josef Schröpfer;
Fotomarko

AU 106
Alle Rechte vorbehalten
Umschlag von Bengt Sprinzl
Copyright © 1989 by Verlag Carl Ueberreuter, Wien
Gesamtherstellung: Carl Ueberreuter Druckerei Ges. m. b. H.,
Korneuburg
Printed in Austria

Inhalt

7 Vorwort
9 Einleitung

13 **1. Die Bombe platzt**
14 Großalarm bei der Europapier
16 Die Bestohlenen
22 Die Gründung der Europapier
23 Franz Lettmüllers Karriere
26 Feuerwehraktion zur Rettung der Europapier
30 007 jagt Lettmüller
34 Der Krisenstab operiert
47 Die Suche nach den verlorenen Millionen

59 **2. Die große Verschwendung**
60 Der Traum vom Reichtum
61 Die Frauen
73 Die Freunde
77 Die Pferde
80 Das Ende des Verschwenders

87 **3. Die Unterschlagung**
88 Die Strategie des Täters
93 Lettmüller als Täter
95 Günstige Bedingungen
96 Der Betrug wird vorbereitet
102 Bargeld lacht
105 Die Tricks des Buchhalters
107 Buchungen für Spezialisten
112 Wareneinsatz – Die wunderbare Geldvermehrung
115 Der Trick mit der Vorsteuer
120 Die Geheimnisse der Kreditkonten

129 **4. Die Prüfer**
130 Allgemeines Umfeld und Voraussetzungen
134 Der Prüfungsauftrag der Europapier
136 Prüfungsnetze für den Fehlerfang

138 Prüfungsplanung bei der Europapier
141 Systemprüfung – Gefahr für Lettmüller
142 Das gesamtbetriebliche interne Kontrollsystem
146 Fallen im bücherlichen Kontrollsystem
149 Mehrere Funktionen – ein Betrug
152 Lettmüller schlüpft durch die Maschen der
    Kennzahlenprüfung
154 Die Prüfer checken einzelne Geschäftsfälle

157 **5. Die Bilanz**
158 Das Schicksal der Beteiligten

163 **Anhang: Liste der Schecks**

Vorwort

Liebe Leser!
Dieses Buch ist in fünf Abschnitte gegliedert, von denen
zwei hochexplosiv sind. Die Abschnitte – im Buch sind
sie anders betitelt – behandeln die Themen:

O Wie man ein Unternehmen rettet
O Wie man ein Vermögen durchbringt
O Wie man ein Unternehmen betrügt
O Wie man – vielleicht – draufkommt
O Was unterm Strich bleibt

Sind Sie, verehrter Leser, Buchhalter, dann meiden Sie
Abschnitt 3. Man würde Sie sonst in Ihrer Firma scheel
ansehen.
Sind Sie Unternehmer oder Manager, dann meiden Sie
die Abschnitte 3 und 4; und sind Sie Wirtschaftsprüfer,
dann hüten Sie sich vor Abschnitt 4, außer Sie haben
starke Nerven und riskieren einige Nächte unruhigen
Schlafes oder zumindest ein paar nachdenkliche Stun-
den.
Warum? Weil die Unternehmer erfahren würden, daß
sie mit hoher Wahrscheinlichkeit beklaut werden, die
Manager, daß sie dafür verantwortlich sind, und die
Wirtschaftsprüfer, daß sie von alledem nichts merken.
Sind Sie aber, geneigter Leser, in keiner der genannten
Professionen tätig, dann lesen Sie getrost das ganze
Buch. Ich hoffe, Sie verbringen damit einige vergnügte
Stunden und erfahren Dinge, die nur ganz wenige Leute
wissen.
Die genannte Gliederung orientiert sich am konkreten
Fall Franz Lettmüller, der im Verlauf von zehn Jahren
bei seiner Firma als Buchhalter rund 300 Millionen
Schilling unterschlagen hat. Es liegen in dieser Causa
noch keine rechtsgültigen Urteile vor, weshalb in die-
sem Buch auf juristische Wertungen verzichtet wird. In

diesem Buch stehen erwiesene Tatsachen oder – in den Fällen, wo die Tatsachen noch nicht klar sind – wertfreie Argumente und Gegenargumente.

Aus der Sachlage ergibt sich, daß die Informationsfreudigkeit der Betroffenen enge Grenzen hatte. Die neue Geschäftsführung der geschädigten »Europapier« war äußerst zurückhaltend und vorsichtig, was verständlich ist, wenn man weiß, was diesem Unternehmen in den vergangenen Jahren widerfahren ist.

Ich habe mich bemüht, die Informationslücken aus anderweitigen Quellen so gut wie möglich zu füllen.

Torsten Weidnitzer

Einleitung

Man kann den Fall Lettmüller mit einem geschliffenen Diamanten vergleichen. Wenn man ihn langsam dreht, so blitzt im Lichte der nachträglichen Erkenntnis eine Facette nach der anderen auf, blendend, verwirrend, beängstigend. Die Geschichte von Franz Lettmüller ist eine Sex-and-Crime-Story; es kommt so ziemlich alles vor, was dieses Genre ausmacht: intelligente Verbrechen, Millionenbeträge, Frauen sonder Zahl. Es gibt Feste und Ausschweifungen, Liebe und Hörigkeit, die faszinierende Atmosphäre von Pferderennbahnen, gemietete Düsenjets, Luxusautos, Wochenendtrips um Millionen Schilling und ungeheure Verschwendung, wie es sie in der Geschichte der Zweiten Republik, soweit bekannt, noch nie gegeben hat.

Der Fall Lettmüller ist aber viel mehr als eine oberflächliche Begebenheit, zusammengesetzt aus Prostituierten und kaum vorstellbarem Luxus, trügerischem Glanz und einer schwankenden Traumwelt.

Im Fall Lettmüller geht es unter der glitzernden, irrlichternden Oberfläche um Menschen, die hilflos in Leidenschaften verstrickt sind, unfähig, sich daraus zu befreien. Es geht um alltägliche Leute, die durch eine unergründliche Fügung des Schicksals in die Lage versetzt werden, sich fast jeden materiellen Wunsch erfüllen zu können, und die, wie der sagenhafte König Midas, daran scheitern, daß ihnen der Geschmack des Geldes schal wird. Franz Lettmüller, ein Buchhalter, verliebt sich unsäglich in eine Frau, der er nicht gewachsen ist. Ihre betörende Sinnlichkeit zieht ihn vollkommen in ihren Bann — er hingegen soll diese Frau nie völlig besitzen. Aus diesem Spannungsfeld einer nie ganz erfüllten Beziehung läßt sich die kriminelle Energie ableiten, die den fügsamen, verläßlichen Ärmelschonertyp zu einem der herausragenden Verbrecher der österreichischen Wirtschaftsgeschichte macht.

Als solcher bricht der zuvor unauffällige dicke Mann eine ganze Reihe von inoffiziellen Rekorden. Er unterschlägt mit 300 Millionen Schilling – möglicherweise sind es auch mehr – die größte Summe, die seit Menschengedenken je ein einzelner in Österreich gestohlen hat. Er verpraßt das größte Vermögen, das auf diese Weise in der jüngeren Geschichte Österreichs durchgebracht wurde. Er verwöhnt eine Frau mit Geschenken in einer Weise, die ohne Beispiel ist, und er macht eine Striptease-Tänzerin aus einem Wiener Nachtklub mit rund 20 Millionen Schilling zur wahrscheinlich reichsten Frau in ihrem Metier. »Römischere Feste« als er, formuliert später der Staatsanwalt, kann man nicht feiern, und als Rennstallbesitzer zählt er in Europa zu den ganz Großen.

Aber auch diese Schilderung deckt nur die eine Seite des Falles Lettmüller auf. Die zweite Seite ist vielleicht weniger bunt, aber nüchterner und bedrohlicher. Franz Lettmüller war auch der einfallsreichste Unterschlagungskünstler, der in diesem Land je aufgeflogen ist. Fachleute der Wirtschaftsprüfung versichern überzeugend, daß dieser Mann nie entdeckt worden wäre, hätte er rechtzeitig mit seinen Betrügereien aufgehört oder sich mit Entnahmen von vielleicht 10 Millionen Schilling pro Jahr begnügt. Mit anderen Worten, hätte sich Franz Lettmüller aufgrund privater Umstände nicht gezwungen gesehen, seine Unterschlagungen exzessiv auszuweiten, hätte dieses Buch nicht geschrieben werden können. Dann nämlich würde Lettmüller noch heute unentdeckt seine Millionen unerkannt beiseite schaffen.

Einer der führenden Fachleute auf dem Gebiet der Wirtschaftsprüfung in Österreich mutmaßt, daß Lettmüller seine Unterschlagungen in jedem Unternehmen im In- und Ausland hätte durchführen können, und niemand weiß, wie viele seiner Gesinnungsgenossen zur Zeit ungestört ihrem ertragreichen Handwerk nachgehen, weil kein Mensch weiß, daß es sie überhaupt gibt. In diesem Buch wird die farbenprächtige Scheinwelt geschildert, in der sich Franz Lettmüller außerhalb seiner Firma bewegte. Aber es wird auch versucht, die Hintergründe auszuleuchten, wie es zu diesem riesigen Betrug kommen konnte. Anhand des Vorgehens Lettmüllers bei seinen Unterschlagungen wird erklärt, warum seine Betrügereien erst nach zehn Jahren entdeckt wurden und wie genial er die Schwachstellen in dem Unternehmen, in dem er beschäftigt war, auskundschaftete und für seine Ziele nutzte. Vielleicht können Unternehmer, Manager und Prüfer dabei wertvolle Anregungen finden, wie man sich gegen einen trickreichen, untreuen Buchhalter zur Wehr setzt.

1. Die Bombe platzt

»In der Mitte der Nacht beginnt der neue Tag«
Friedrich Dürrenmatt

Großalarm bei der Europapier

Am späten Nachmittag des 10. März 1987, es war ein Dienstag, schritten zwei Männer durch den mondänen Tiroler Schiort Kitzbühel. Beide waren sportlich leger gekleidet und hatten den Tag abseits der überlaufenen Pisten auf wenig bekannten Firnabfahrten verbracht. Sie waren seit vielen Jahren befreundet und gedachten wie stets auch diesen Abend in kleinem Kreis ausklingen zu lassen. Ihr Ziel war ein Appartementhaus am Rande des Wintersportzentrums, wo einer von ihnen eine Wohnung besaß. Es war ihnen zur Gewohnheit geworden, jedes Jahr eine Woche gemeinsam Schi zu laufen. Diesmal solte der Urlaub anders enden.

Der Größere der beiden, Michael Salzer, war Eigentümer einer alteingesessenen Wiener Verlagsgruppe und Papierindustrieller. Der zweite Mann war Heinz Kessler, Generaldirektor der Nettingsdorfer Papierfabrik Aktiengesellschaft und heute Präsident der Vereinigung Österreichischer Industrieller. In diesem Urlaub gedachten beide von ihren geschäftlichen Verpflichtungen Abstand zu gewinnen und Erholung zu finden. Um siebzehn Uhr war es damit vorbei.

Zu diesem Zeitpunkt schlug das Telefon an. Michael Salzer, eben mit seinem Schipartner im Appartement angekommen, hob ab. Am anderen Ende meldete sich aus Wien Veit Sorger, Geschäftsführer in Salzers Unternehmen und mit zuständig für die Sanierung von Salzers Grazer Papierfabrik.

»Michl, setz dich hin. Sitzt du? Wir haben eine Malversation in der Europapier. Der Geschäftsführer Schmidt hat mich angerufen, es geht um rund sechzig Millionen. Lettmüller, der Buchhalter, ist gestern nicht zum Dienst erschienen.«

Während Salzer und Kessler in den folgenden Stunden

14

verblüfft Mutmaßungen anstellten, wie es möglich sei, aus einem Unternehmen wie der Papiergroßhandelsfirma Europapier einen so hohen Betrag von sechzig Millionen Schilling unbemerkt herauszuholen, lief bei der Europapier im Wiener Bezirk Floridsdorf die Überprüfung von Konten und Belegen an. Das Ergebnis sorgte für bleiche Gesichter und zitternde Hände. Je später der Abend, desto ungeheuerlicher wurden die festgestellten Fehlbeträge, aus einer mittleren Unterschlagung wurde ein Großbetrug, aus dem Großbetrug eine Katastrophe.

Um acht Uhr abends meldete Sorger in Kitzbühel, daß bei der Europapier, an der neben zwei anderen Gesellschaften Kesslers Nettingsdorfer und Salzer beteiligt waren, mindestens achtzig Millionen Schilling fehlten. Gegen Mitternacht war man bereits bei einer Schadensumme von rund hundert Millionen Schilling angelangt, und die Schrecken, die die Buchhaltung preisgab, nahmen kein Ende. Als am nächsten Tag Veit Sorger auf der Fahrt nach Graz den Semmering überquerte, erfuhr er per Autotelefon, daß der Abgang sich mittlerweile auf gigantische 180 Millionen Schilling belaufe. Und das war erst rund die Hälfte der unterschlagenen Summe, die der Buchhalter Franz Lettmüller später vor Gericht zugeben sollte.

Wie stellte sich die Situation aber am Dienstag, dem 10. März 1987, dar? Das gesamte Unternehmen Europapier mit mehr als einer Milliarde Schilling Umsatz jährlich und 240 Beschäftigten war akut gefährdet. Der Prokurist und Chefbuchhalter Franz Lettmüller war spurlos verschwunden, für den Verbleib der damals bereits als fehlend bekannten fast zweihundert Millionen Schilling gab es kaum eine Erklärung.

Zu all dem ergab sich neben der finanziellen Seite des Desasters noch ein höchst peinlicher Aspekt. Zwar war die Firma Europapier außer einigen Insidern einer breiteren Öffentlichkeit weitgehend unbekannt, für die vier Gesellschafter der Europapier galt das aber in keiner Weise, im Gegenteil.

Die Salzer-Gruppe, Nettingsdorfer Papierfabrik, Neusiedler und Steyrermühl, die die Beteiligungen an der gemeinsamen Großhandelsfirma Europapier hielten, gehören zu den Juwelen der österreichischen Industrie.

Die Wurzeln dieser Industrieelite reichen teilweise jahrhundertelang zurück. Und nun drohten Spott und Hohn seitens der Geschäftspartner und der Öffentlichkeit das Selbstbewußtsein von Industriepatriarchen und bislang untadeligen Managern empfindlich zu stören. Die Lage, katastrophal nach innen, heikel nach außen, erforderte rasche und klare Entscheidungen, wollte man überhaupt noch etwas retten.

Die Bestohlenen

Die Gelegenheit ist günstig, die Betroffenen fürs erste den erlittenen Schock verdauen zu lassen und sich in der Zwischenzeit mit der Geschichte und Struktur jener Unternehmen zu befassen, die als Gesellschafter der Europapier die Hauptgeschädigten der Rekordunterschlagungen waren. Die Querverbindungen zwischen diesen Firmen sowie die Beziehungen zwischen den verantwortlichen Personen sind sowohl wesentlich für das Verständnis der Ereignisse bis zum großen Crash wie auch für den Ablauf der weiteren Handlung. Es ergibt sich damit auch die Gelegenheit, die Mehrzahl jener Personen kennenzulernen, die im weiteren Verlauf des Berichtes Schlüsselfunktionen erfüllen.

Die Europapier hatte die Rechtsform einer Handelsgesellschaft mit beschränkter Haftung & Co. KG. An der Ges. m. b. H. waren zu je einem Viertel beteiligt:

- die Neusiedler Aktiengesellschaft
- die Nettingsdorfer Papierfabrik Aktiengesellschaft
- die Steyrermühl Papierfabriks- und Verlags-Aktiengesellschaft
- Matthäus Salzer's Söhne Papierfabrik Ges. m. b. H.

In der Kommanditgesellschaft verfügten die Gesellschafter über folgende Anteile:

Als Komplementär die Europapier Handels Ges. m. b. H.

Als Kommanditisten

- Neusiedler AG	32,79 Prozent
- Steyrermühl AG	28,30 Prozent
- Salzer	24,59 Prozent
- Nettingsdorfer AG	8,52 Prozent

Wer waren nun diese Firmen und welche Bedeutung hatten sie? Gemeinsam ist allen vier Gesellschaften eine traditionsreiche Vergangenheit, ein tadelloser Ruf und die Branche, in der sie ihre Geschäfte abwickeln: Papier und Druck.

Die Neusiedler AG

Nur wenige der bis heute überlebenden Großunternehmen in Österreich können auf eine so lange Geschichte zurückblicken wie die Neusiedler. Bereits 1793 von dem aus Böhmen stammenden Ignaz Theodor Pachner, Edler von Eggenstorf, gegründet – er baute eine Papierfabrik in Kleinneusiedl bei Wien –, wuchs das Unternehmen zu einem der größten seiner Branche in der Monarchie. Der Firmengründer erwarb auch eine Papiermühle in Leesdorf bei Baden bei Wien, die 1822 stillgelegt wurde. Diese Papiermühle dürfte jene sein, die urkundlich als erste Papiermühle auf heutigem österreichischen Staatsgebiet erwähnt wird. Sie soll um das Jahr 1321 von Jan der Turs von Rauhenegg in Leesdorf nächst Baden gegründet worden sein.

Im Laufe der Jahrzehnte wechselten Phasen starker Expansion mit Zeiten der Konsolidierung. Fabriken wurden gegründet und gekauft, geschlossen oder verkauft. Bei Ausbruch des Ersten Weltkriegs zählte der Konzern 4 500 Mitarbeiter in Produktionsstätten der einzelnen Länder der Monarchie. 1918 wurde die »Theresienthaler Papierfabrik von Ellissen, Roeder & Co« erworben, mit einer Papierfabrik in Hausmening sowie einer Papier- und Zellulosefabrik in Kematen. Die letztgenannten Standorte bilden noch heute das wirtschaftliche Rückgrat der Neusiedler AG. Eigentümer der Neusiedler-Gruppe, die 1987 2,6 Milliarden Schilling umsetzte und rund 1 150 Personen beschäftigt, war bis vor kurzem der Industrielle Herbert Turnauer, der übrigens so wie der Neusiedler-Gründer Theodor Pachner auch aus Böhmen stammt. Turnauer erwarb Ende der sechziger Jahre die Aktienmehrheit an der Neusiedler und hielt zuletzt rund neunzig Prozent des Aktienkapitals. Ende 1988 verkaufte Turnauer die Mehrheit an der Neusiedler AG mitsamt der mittlerweile zur Mehrheit angewachsenen Beteiligung an der Europapier an die in Kärnten beheimatete Frantschach Zellstoff- und Papierfabrik AG, die nun den größten österreichischen privaten Industriekonzern bildet.

Als Generaldirektor der Neusiedler AG, deren Mutter Turnauers »Constantia Industrieholding AG« war, agierte in den Jahren vor und nach dem Auffliegen der Unterschlagungen Dipl.-Ing. Manfred Leeb, der bei der Europapier auch im Beirat Sitz und Stimme hatte. Leeb sollte eine zentrale Rolle bei der Sanierung spielen.

Generaldirektor von Turnauers Industrieholding Constantia war bis Ende 1988 Dr. Josef Taus. Taus gilt als einer der fähigsten Manager des Landes, unter anderem war er Generaldirektor der Girozentrale und Bundesparteiobmann der Österreichischen Volkspartei, deren Industriesprecher er bis heute ist.

18

Die Steyrermühl AG

Wie bedeutend die Tätigkeit böhmischer Unternehmer für die Industrialisierung im alten Österreich war, zeigt sich auch bei der Steyrermühl. 1868 errichteten die beiden aus Nordböhmen stammenden Industriellen August von Barber und Karl Klusemann im oberösterreichischen Steyrermühl eine Papierfabrik. Das Unternehmen ging allerdings wenige Jahre später an andere Eigentümer über. Kurz vor dem Ersten Weltkrieg hielt eine Gruppe, zu der auch die Neusiedler Papierfabriks AG gehörte, die Mehrheit der Aktien. In der Zwischenkriegszeit gehörten zur Steyrermühl die größten Druckereien, die es im damaligen Österreich gab, insgesamt wurden bis zu 2 800 Leute beschäftigt. Wechselnde Eigentümer gaben sich die Türklinken in die Hand, unter ihnen einer der berüchtigtsten Spekulanten jener Zeit, Sigmund Bosel, der zeitweilig ein riesiges Industrieimperium kontrollierte. Eine weitere aus heutiger Sicht schillernde Person war der Generaldirektor der »Bodencreditanstalt«, Dr. Sieghart, der seinen über die Steyrermühl gewonnenen Einfluß auch in den zum Konzern gehörenden Tageszeitungen zu nutzen wußte. Die Bodencreditanstalt, damals das bedeutendste und angesehenste Bankhaus der Ersten Republik, ging unter Siegharts Führung in der katastrophalsten Pleite jener an Bankenkrachs reichen Zeit unter.

Nach dem Zweiten Weltkrieg wich das wechselhafte Schicksal der Steyrermühl einer ruhigeren Entwicklung, die vor allem durch die nach und nach auf neunzig Prozent erhöhte Beteiligung der gewerkschaftsnahen Bank für Arbeit und Wirtschaft (BAWAG) abgesichert wurde. 1988 nahm die BAWAG als 20-Prozent-Partner die deutsche Haindl-Gruppe in die Steyrermühl AG, um deren Erfahrung für geplante Großinvestitionen zu nutzen. Die Steyrermühl ist der größte Erzeuger von Zeitungsdruckpapier, der Umsatz betrug 1987 rund 2,4 Milliarden Schilling. Eine kleinere Tochtergesellschaft der Steyrermühl AG war in den sechziger und siebziger Jahren die Papiergroßhandlung »Gustav Röder & Co Haimburger Papierges. m. b. H«. In den Büroräumen der Firma in Wien arbeiteten in dieser Zeit ein schlanker, hübscher, allseits beliebter junger Mann namens Franz Lettmüller sowie als Buchhalterin eine blonde gleichaltrige Dame namens Irene Wolfauer, spätere Winter, spätere Breitler, deren heutiger Name Irene Bogyi lautet. Auch einem Herrn namens Diplomkaufmann Herbert Schmidt konnte man dort begegnen, er war als Geschäftsführer der Vorgesetzte von Lettmüller und Bogyi.

Die Nettingsdorfer AG

Auch die Nettingsdorfer AG blickt auf eine lange Vergangenheit zurück. Das Ehepaar Franz und Anna Haltmayer hatte 1851 in einer Mühle in Nettingsdorf, rund zwanzig Kilometer von der oberösterreichischen Landeshauptstadt Linz entfernt, eine Papierfabrikation eröffnet. Nach einem Konkurs infolge des Börsenkrachs von 1873 nahm sich ein ehemaliger Fabriksdirektor der vorgenannten Steyrermühl, Julius Roemer, der stilliegenden Anlagen an und begann neuerlich mit der Fabrikation von Papier. Noch vor dem Ersten Weltkrieg ging das Eigentum an dem Unternehmen an den Unternehmensleiter Richard Stepski-Doliwa über. Seine Familie hält heute noch die Mehrheit des Aktienkapitals der Nettingsdorfer, die in Mitteleuropa als führender Hersteller von Verpackungspapieren gilt. Die Größe der Firma: 630 Beschäftigte, knapp 1,6 Milliarden Schilling Umsatz.
Generaldirektor der Nettingsdorfer Papierfabrik ist der Präsident der Industriellenvereinigung, Dr. Heinz Kessler, der auch eine Anzahl von Aufsichtsratsposten in der

österreichischen Industrie bekleidet und Vorsitzender des Beirates der Europapier war.

Salzer-Ueberreuter

Als vierte Gesellschaft im Bunde der Lettmüller-Geschädigten sah sich die Unternehmensgruppe Salzer-Ueberreuter mit der neuen, höchst unerfreulichen Situation konfrontiert, die in der jahrhundertealten Geschichte des Unternehmens ohne Beispiel war. Vor nahezu zweihundert Jahren, 1798, kaufte Kaspar Salzer, auch er aus Böhmen, die Papiermühle Stattersdorf bei St. Pölten, wo seit 1469 Papier erzeugt wurde. 1866, im Jahr der Schlacht von Königgrätz, erwarb Matthäus Salzer die 1548 gegründete »Buchdruckerei und Schriftgießerei Ueberreuter«. 1980 wurde die gleichfalls uralte Papierfabrik Arland bei Graz gekauft, aus der 1983 die Papierfabrik Graz wurde. Die Grazer Produktionsstätte wurde 1986 mit der Stattersdorfer »Matthäus Salzer's Söhne Papierfabrik« fusioniert.

Als Gesellschafter der Gruppe sind bis heute die Nachkommen des Gründers Kaspar Salzer tätig, Dipl.-Ing. Michael Salzer und Dipl.-Ing. Andreas Salzer. Rechtlicher Kopf des ohne Beteiligungen 900 Mitarbeiter starken Firmenverbandes ist die Holding »St. Matthäus Beteiligungs-Verwaltungsgesellschaft m. b. H.« mit den Geschäftsführern Michael Salzer und Dr. Erhard F. Grossnigg.

Die Person Dr. Grossniggs verdient wegen der weiteren Ereignisse Interesse. Der gebürtige Salzburger war gelernter Bankkaufmann und machte sich 1974 mit der »Finanzberatung und Treuhandges. m. b. H.« selbständig. In den folgenden Jahren wurde er als erfolgreicher Sanierungsexperte bekannt, wobei ihn die dabei geschaffenen persönlichen Kontakte später unmittelbar in den Fall Europapier einbezogen. So war er maßgeblich an der Rettung der Betriebe des glücklosen Kärntner Industriellen Fun-

der beteiligt, die Funder-Werke wurden in Herbert Turnauers Industriegruppe eingegliedert, zu der ja Europa-
pier-Gesellschafter Neusiedler gehörte. Aber auch bei Salzers zugekaufter Grazer Papierfabrik Arland kam Grossniggs Erfahrung bei der Sanierung zum Tragen. Neben der
Geschäftsführer-Position in der »St. Matthäus-Holding«
war Grossnigg auch Geschäftsführer in der »Carl Ueberreuter Druckerei Gesellschaft m. b. H.«.
Eine weitere Schlüsselperson für die laufenden Ereignisse
ist Dr. Veit Sorger, im März 1987 noch Geschäftsführer
der »Matthäus Salzer's Söhne Papierfabrik Ges. m. b. H.«
und somit Chef der beiden Papierfabriken in Graz und
Stattersdorf. Sorger hatte Welthandel und Recht studiert
und war am 1. Jänner 1970 zu Salzer-Ueberreuter gestoßen, wo er rasch Karriere machte.

Die Gründung der Europapier

Im Jahr 1970 entschlossen sich die drei Papierfabriken
Neusiedler, Salzer und Nettingsdorfer zur Gründung
eines gemeinsamen Papiergroßhandelsunternehmens.
Schon vorher hatte jedes der drei Unternehmen eine kleinere Papierhandelsfirma betrieben. Mit Blick auf die drohende Konkurrenz europäischer, vor allem deutscher Pa-
pierhandelshäuser konzentrierte man nun die eigenen
Handelsaktivitäten in der neuen europareifen Firma, der
man den programmatischen Namen »Europapier« gab. Die
Geschäfte ließen sich hervorragend an, und bald war die
Europapier das umsatzstärkste Papiergroßhandelsunter-
nehmen Österreichs. Die Erlöse summierten sich jährlich
auf rund 750 Millionen Schilling, und auch die Gewinne
gediehen zur Freude der drei Gesellschafter.
Die Erfolge der Europapier blieben der Branche nicht verborgen, und 1977 wurde der Kreis der Gesellschafter er-

weitert. Das Papierhandelsunternehmen Röder-Haimburger, eine hundertprozentige Tochtergesellschaft der Steyrermühl AG, beendete seine Geschäftstätigkeit. Die Europapier übernahm nicht nur die Kunden von Röder-Haimburger, sondern auch einen Teil der Belegschaft. Auf Wunsch der Steyrermühl wurde der Röder-Haimburger-Geschäftsführer Herbert Schmidt auch bei der Europapier in diese Funktion gesetzt. Sein Untergebener, der Chef der Finanzbuchhaltung Franz Lettmüller, wechselte ebenfalls zur Europapier und setzte dort seinen vorerst unauffälligen, aber stetigen Aufstieg fort. Die Übernahme der Röder-Haimburger-Geschäfte ließen den Europapier-Umsatz auf mehr als eine Milliarde Schilling schwellen.

Franz Lettmüllers Karriere

Lettmüller stammte aus gutbürgerlichem Haus und wurde am 17. Februar 1948 in Wien geboren. Sein Vater war Leiter der Zweigstelle der Landeshypothekenbank für Niederösterreich in der Mariahilfer Straße gewesen und starb am 26. Juni 1980. Der junge, damals noch sehr schlanke Lettmüller besuchte Hauptschule und Handelsakademie und trat am 1. September 1966 in die Firma Röder & Co. Ges. m. b. H. ein, dort hatte auch schon seine ein Jahr zuvor verstorbene Schwester Ingrid gearbeitet. Er lernte im Ein- und Verkauf und wurde später in der Finanzbuchhaltung eingesetzt.
Als 1973 die Firma Röder mit der Firma Haimburger Ges. m. b. H. fusionierte und so die »Gustav Röder & Co Haimburger Papierges. m.b. H.« entstand, gelang Lettmüller ein weiterer Karriereschritt. Im September 1975 wurde er der Leiter der Finanzbuchhaltung. Er galt als überaus gewinnend im Auftreten und kompetent in seinen beruflichen Aufgaben. Wie tüchtig er tatsächlich war, blieb Ma-

nagern und Eigentümern der Röder-Haimburger bis zuletzt verborgen. Erst im Zuge der Erhebungen nach den aufgeflogenen Unterschlagungen bei der Europapier zeichnete sich das wahre Ausmaß der Fähigkeiten und Neigungen des anerkannten Finanzbuchhalters Lettmüller ab. Der in Sachen Buchhaltung und Organisation überdurchschnittlich begabte Aufsteiger stellte nämlich nicht nur unter anderem die gesamte Buchhaltung zur vollen Zufriedenheit seiner Vorgesetzten auf elektronische Datenverarbeitung um, er hatte auch begonnen, im zunehmendem Ausmaß Kundenschecks zu unterschlagen »in einem nicht mehr feststellbaren Betrage«, wie der spätere Ankläger Staatsanwalt Dr. Erich Müller vermerkte.

Nicht mehr feststellbar deshalb, weil dank des Wechsels zur Europapier die Buchungsunterlagen von Röder-Haimburger verschwanden. Fragmente der Unterlagen sowie der damals bei Röder-Haimburger eingesetzten Bürocomputer Marke Philips fanden sich zum Erstaunen der ermittelnden Kriminalbeamten rund zehn Jahre später im Keller des Hauses von Lettmüllers Kollegin und Freundin Irene Bogyi in Traiskirchen. Lettmüller gab später vor Gericht an, seinen Dienstgeber Röder-Haimburger um vielleicht 75 Millionen Schilling erleichtert zu haben . . .

Tatsache ist, daß bei Beendigung ihrer Geschäfte die Steyrermühl-Tochter Verluste in Höhe von dreißig Millionen Schilling auswies, die zumindest teilweise von Lettmüller zu verantworten waren. Da zuletzt dieser Verlust steuerlich wirksam wurde und somit den steuerlichen Gewinn der Steyrermühl minderte, durfte somit auch der Fiskus seinen Teil zur Finanzierung der Unterschlagungen Lettmüllers beitragen.

Für Franz Lettmüller hingegen ergaben sich bei seinem neuen Arbeitgeber aufregend ertragsversprechende Aussichten. Er wurde als Handlungsbevollmächtigter in die Buchhaltung der Europapier übernommen, wo er sich wie schon zuvor nach ganz kurzer Zeit allseits Vertrauen erwarb. In die elektronische Buchhaltung arbeitete er sich in wenigen Wochen ein, was mit der Beförderung zum Leiter der Finanzbuchhaltung belohnt wurde. Und weil der Handelsbetrieb mit den jährlich Hunderttausenden Buchungen auf Modernisierung drängte und den Einsatz verbesserter Computerbuchführung plante, ergab sich für Lettmüller die nächste große Chance, sich zu bewähren und sein Talent unter Beweis zu stellen. Er organisierte mit Fleiß und Sachverstand die Umstellung auf Speicherbuchführung, woraus sich für ihn zwei Vorteile ergaben. Erstens wurde er am 1. Mai 1984 zum Prokuristen befördert und war somit nach außen unterschriftsberechtigt. Zweitens, und das war zumindest genauso wichtig, wenn auch weniger auffällig, er wurde in der Europapier *der* Fachmann für alle Fragen, die sich im Bereich der Kontenführung ergaben, hatte er doch die Software miterstellt und kannte daher Buchungstricks wie kein anderer seiner Kollegen. Er kannte sich überall aus, war für seine Untergebenen unbestrittene Autorität und besaß das volle Vertrauen seiner Vorgesetzten und gleichrangigen Kollegen, der anderen Prokuristen.

Immer wieder wurde später von seinen ehemaligen Mitarbeitern betont, daß Lettmüller fachlich in höchstem Maße qualifiziert gewesen sei, vor Gericht konnte man später von den als Zeugen geladenen Geschäftsführern Lobeshymnen über die ausgezeichnete Arbeit des Buchhaltungschefs hören, obwohl vor Gericht natürlich längst bekannt war, daß mit Lettmüller der Bock zum Gärtner bestellt worden war.

Ein besonderes Vertrauensverhältnis verband Lettmüller naturgemäß mit Herbert Schmidt, der ja schon bei Röder-Haimburger als Geschäftsführer für den Ein- und Verkauf sein unmittelbarer Vorgesetzter gewesen war. Auch bei der Europapier war Schmidt nach der Fusion zum Geschäftsführer bestellt worden, wiederum mit dem Aufgabenbereich Einkauf.

Mit dem beruflichen Aufstieg Franz Lettmüllers waren die üblichen Einkommensverbesserungen verbunden. Zuletzt, Anfang 1987, verdiente er monatlich 28 000 Schilling netto, was zwar deutlich über dem österreichweiten Einkommensdurchschnitt liegt, aber natürlich in keiner Weise seine Exzesse bei persönlichen Ausgaben erklären konnte.

Nach diesem Ausflug in die Geschichte der beteiligten Unternehmen und die Herkunft der handelnden Personen lohnt es sich, das Augenmerk wieder auf jene Ereignisse zu lenken, die unmittelbar nach dem Auffliegen der Unterschlagungen im März 1987 folgten. Man kann die nun gesetzten Aktionen als lehrreiches Fallbeispiel sehen, wie eine extreme Unternehmenskrise bewältigt werden kann und welche Schritte, anhand des konkreten Beispiels Europapier, zum Ziel der Rettung des Unternehmens gesetzt werden können.

Feuerwehraktion zur Rettung der Europapier

Die Situation, die sich in der zweiten Märzwoche 1987 den verantwortlichen Managern und Eigentümern der Europapier darbot, war ebenso verzweifelt wie unübersichtlich, die Existenz des gesamten Unternehmens mit damals 240 Arbeitskräften stand auf dem Spiel. Kunden, Gläubiger und andere Geschäftspartner hatten die Kunde von den ungeheuren Malversationen gehört, die geschäftlich unabdingbar notwendige Vertrauensbasis war schwer erschüttert oder gar zerstört. Bei Lieferanten und Abnehmern, Banken und Finanzamt wurde, wie es kaufmännischen Usancen entspricht, das Risiko einer weiteren geschäftlichen Verbindung mit der Europapier überprüft und teilweise neu bewertet. Wer von der Europapier noch Geld zu bekommen hatte, überlegte Schritte, dieses möglichst rasch und vollständig einzutreiben. Wer bisher an die Europapier auf Ziel geliefert hatte, für den galt nun der Wahlspruch »Bargeld lacht«. Immerhin kam der Europapier zugute, daß sie aufgrund ihrer starken Position im Markt für Papierhandel auch als Käufer von Papier für einzelne Lieferanten nur schwer zu ersetzen gewesen wäre.

Im Grunde hing alles von den Eigentümern der Europapier, den beteiligten Gesellschaftern und deren Vertretern ab. Würden sie für etwaige Verluste geradestehen, würden diese gut beleumundeten Konzerne kostspielige Verpflichtungen übernehmen, auch wenn sie sich rechtlich davor drücken könnten? Es war ohne weiteres denkbar, daß die von einem Buchhalter genasführte, betrogene und lächerlich gemachte Europapier mit dem damals ruinierten Ruf in eine Insolvenz schlittern würde, um zu verhindern, daß etwa auch noch das Image der Gesellschafter in der Öffentlichkeit Schaden nehme.

Und schließlich stellte sich den aufgescheuchten und aufgeregten Europapier-Verantwortlichen die Frage nach dem Verbleib der Ursache all des Unglücks, des spurlos verschwundenen Franz Lettmüller. Wollte man die Chance wahren, wenigstens einen kleinen Teil des unterschlagenen Vermögens wiederzugewinnen, mußte Lettmüller gefunden werden.

»Gott soll einen hüten vor allem, was noch ein Glück ist«, zitiert Friedrich Torberg seine Tante Jolesch. Und noch ein Glück war es für die Europapier, daß sowohl im Unternehmen als auch in dessen Umfeld erfahrene und findige Sanierungsspezialisten zur Verfügung standen. Zwar hatte man aus Gründen, die noch eingehend zu erörtern sein werden, das katastrophale Mißgeschick nicht verhindert und vielleicht auch gar nicht verhindern können, aber jetzt, wo die Situation ebenso dramatisch wie klar war, konnte man auf Leute zurückgreifen, die, wie sich zeigen sollte, Herr der Lage zu werden imstande waren und einen konsequenten Sanierungskurs zu steuern.

Was war zu tun? Als erstes mußten auf kurzem Wege Personalentscheidungen getroffen werden, zweitens mußte geklärt werden, ob und wie die Europapier zu retten sei. Schon in der »Woche Null« nach Auffliegen des Skandals sprach Neusiedler-Chef Manfred Leeb nach Kontaktnahme mit seinen Europapier-Partnern bei Dr. Veit Sorger – Geschäftsführer der Matthäus Salzer-Papierfabriken – vor, ob er die Angelegenheit übernehmen wolle. Sorger stimmte zu und führte vorläufig sowohl die Papierfabriken als auch die Rettungsaktion für die Europapier. Eine kurzfristig durchgeführte Überprüfung der geschäftlichen Lage der Europapier ergab, daß das Unternehmen grundsätzlich stark und gesund war. Die Geschäfte waren immer gutgegangen, was auch die später aufgetauchte Frage beantwortet, wie gut diese Firma eigentlich dastehen mußte, um den von Lettmüller verübten Aderlaß verkraften zu können. Freilich waren einige -zig Millionen Schilling nötig, um die nun entdeckten Schulden zu tilgen und somit das Unternehmen zu sanieren.

Eine Woche nach dem großen Crash, am Montag, 16. März 1987, versammelten sich die Beteiligten zu einem Krisengipfel. Das Ergebnis waren Entschlüsse von entscheidender Tragweite. Es stellte sich heraus, daß drei der Gesellschafter bereit waren, sich für ein Überleben der Europapier zu engagieren, nicht jedoch die Steyermühl, aus deren Dunstkreis Lettmüller zur Europapier gestoßen war. Der Steyermühl-Generaldirektor Hubert Jagsch stellte mit Rückendeckung der Bank für Arbeit und Wirtschaft klar, daß von seiner Seite mit keiner finanziellen Beteiligung an der Sanierung der Europapier zu rechnen sei. Tatsächlich gab in der Folge die Steyermühl ihre Beteiligung an der Europapier an die verbleibenden Gesellschafter ab, die sich dafür verpflichteten, die noch unbestimmten Sanierungskosten zu übernehmen.

Der Geschäftsbericht der Neusiedler für 1987 vermerkt dazu: »Voraussetzung dafür (für die notwendigen Erfolge) waren klare Mehrheitsverhältnisse und eine neugeordnete Führungsstruktur. Das Ausscheiden einer Gesellschafterfirma ermöglichte es uns, unseren Minderheitsanteil in eine 55prozentige Mehrheit umzuwandeln. Der von unserem Unternehmen aufgewendete Gesellschafterzuschuß betrug 35 Millionen Schilling.«

Die neue Aufteilung der Beteiligungen an der Europapier sah so aus: Neusiedler mit einer nunmehrigen Mehrheit von 55 Prozent, Salzer hielt 32,5 Prozent und die Nettingsdorfer 12,5 Prozent.

Insgesamt, so ergaben spätere Analysen, wurden für das Überleben des angeschlagenen Papierhandelsriesen 45 Millionen Schilling aufgewendet. Ein großer Teil der Arbeitsplätze konnte erhalten werden. Dr. Heinz Kessler, der Generaldirektor der Nettingsdorfer Papierfabrik, faßte die Einstellung des damals tagenden Rettungssyndikats in einem Satz zusammen: »Man liebt eine Tochter auch, wenn sie gestrauchelt ist.«

Veit Sorger ließ sich beim Krisengipfel – eine weitere wichtige Entscheidung – von den Gesellschaftern eine Generalvollmacht erteilen. Weiters handelte er bei den Europapier-Eigentümern einen Kreditrahmen aus, der vorläufig mit 35 Millionen Schilling festgesetzt war. Vorsichtshalber ließ sich Sorger bei den Gesprächen nie auf konkrete Zahlen ein, wenn die Rede auf mögliche notwendige Nachschüsse kam – er hätte zu diesem Zeitpunkt den Umfang des eingegangenen Risikos ja selbst kaum verbindlich eingrenzen können.

Ausgestattet mit Vollmachten und einem passablen Kreditrahmen, aber auch mit der Verpflichtung zum Erfolg, konnte Sorger an die Sanierung schreiten. Dabei kamen ihm noch Geschehnisse zugute, die sich vor dem Krisengipfel ereignet hatten.

007 jagt Lettmüller

Neben den nötigen Schritten zur Rettung des schwer angeschlagenen Großunternehmens und zur möglichst raschen Sicherung noch vorhandener Teile des offensichtlich unterschlagenen Millionenvermögens bewegte Gesellschafter und Geschäftsführer der Europapier in diesen Tagen nur noch eine Frage: Wo war Franz Lettmüller? War er in Österreich untergetaucht? Oder hatte er sich bereits ins Ausland abgesetzt, um in irgendeiner tropischen Bananenrepublik ungestört und sorglos die verbliebenen Früchte seiner Unterschlagungen zu genießen, ein lebender Beweis, daß Verbrechen sich lohnt? Seine Spur hatte sich am Freitag, dem 5. März, verloren, damals war er zum letztenmal zum Dienst erschienen. Fünf Tage später, am Mittwoch, wurde der Haftbefehl gegen Franz Lettmüller ausgestellt und die österreichweite Fahndung eingeleitet.

Die alte Geschäftsführung der Europapier war zu diesem Zeitpunkt noch in Amt und Würden und mag wohl noch die Hoffnung gehegt haben, ihre berufliche Position retten zu können oder, falls nicht möglich, wenigstens die rechtliche Situation für voraussichtlich folgende arbeitsgerichtliche Prozesse zu verbessern. So entschloß sie sich noch am Mittwoch, die Suche nach dem Verschwundenen nicht allein Polizei und Gendarmerie zu überlassen, sondern zusätzlich einen Privatdetektiv zu engagieren. Aber welchen? Glaubhaften Berichten zufolge war das Auswahlkriterium die bekannte Zahlenkombination 007 in der Wiener Telefonnummer 840 007, und dies war der Anschluß der Detektivagentur Pöchhacker Ges. m. b. H. Diese Entscheidung, ob zufällig getroffen, wie erzählt, oder doch auf einem früheren Bekanntschaftsverhältnis beruhend, erwies sich im nachhinein als äußerst zweckmäßig für den weiteren Ablauf der Ereignisse.

Am Mittwoch um acht Uhr abends schlug in den Räumen der Agentur das Telefon an, und Berufsdetektiv Walter Pöchhacker übernahm den Auftrag, die Stecknadel im Heuhaufen zu finden. Der Detektiv, ein vollbärtiger Hüne und damals 33 Jahre alt, entsprach kaum dem Bild des klassischen Private Eye vom Schlage eines Philip Marlowe oder Lew Archer. Bereits vier Jahre selbständig, hatte er es zu einem Stab von 36 dank der strengen österreichischen Zulassungsbestimmungen ausgesuchten und gutgeschulten Mitarbeitern gebracht, darunter sechs Frauen. 007 – Pöchhacker selbst gibt an, diese Telefonnummer aus werblichen Gründen ausgewählt zu haben – führte somit eine der größten Detektivagenturen im Lande, was bei der weiteren Zusammenarbeit mit der Europapier beiden Seiten nachhaltige Vorteile bringen sollte.

Die Erteilung des Auftrages zur Personenfahndung durch die zwei Geschäftsführer war nur von mageren Informationen begleitet. Zu kurz war die Zeit seit dem Platzen des Skandals gewesen, als daß sich bis dahin jemand einen genaueren Überblick über Privatleben und Gewohnheiten des Gesuchten hätte verschaffen können. Es gab einen unterschriebenen Haftbefehl und eine Personenbeschreibung, die auf den breitbeinigen watschelnden Gang und auf die gewichtige Statur Lettmüllers hinwies – er brachte mindestens 140 Kilogramm auf die Waage. Noch am selben Abend wurden per Funk die Mitarbeiter der Agentur ausgeschickt. Adressen wurden erhoben und observiert, die Nachforschungen konzentrierten sich auf die mutmaßlichen Aufenthaltsorte in Wien, Perchtoldsdorf, Schäffern in der Steiermark und Punitz im Burgenland. Ein Tip aus der Traberszene brachte einen ersten Hinweis auf ein Gestüt im Salzburger Pongau, das angeblich Lettmüller gehören solle und von einem Mann namens Bürgler oder so ähnlich geleitet werde.

Auf diese schwache Spur wurde der Detektiv Heinz Edinger angesetzt, der auch prompt nachts in den Pongau fuhr und dort Stellung bezog. Wenn der Zufall und das Glück hold sind, dann ist wie in der Lotterie alles möglich. In der kleinen Ortschaft Goldegg vor dem Gasthaus »Zum Bierführer« hielt Edinger seinen Wagen an, um eine Pause einzulegen. Er sah nach 1 Uhr morgens zwei Männer den Gasthof betreten, von denen einer genau die in der Personenbeschreibung angegebene auffallend gewichtige Erscheinung hatte. Das konnte Lettmüller sein – nein, das mußte er sein! Edinger verließ sein Fahrzeug und betrat den Gasthof, wo er sich Gewißheit verschaffte, daß der dicke Mann in diesem Hause ein Zimmer hatte, wo er offenbar den Rest der Nacht zu verbringen gedachte.

Es hätte nicht viel gefehlt, und der kapitale Fang wäre dem Detektiv trotzdem noch entgangen. Wäre er den üblichen Verhaltensregeln seines Berufes gefolgt, so hätte er nun getan, was der § 86 Absatz 2 Strafprozeßordnung für diesen Fall vorsieht: »Liegen hinreichende Gründe für die Annahme vor, daß eine Person eine mit gerichtlicher Strafe bedrohte Handlung ausführe, unmittelbar ausgeführt habe, oder daß nach ihr wegen einer solchen Handlung gefahndet werde, so ist jedermann berechtigt, diese Person auf angemessene Weise anzuhalten. Er ist jedoch verpflichtet, die Anhaltung unverzüglich dem nächsten Sicherheitsorgan anzuzeigen.« In allgemeinverständliches Deutsch übersetzt, er hätte den Pferdefreund Lettmüller hoppgenommen, und genau dieses unterließ Edinger. Vielmehr überließ er den aufgespürten Defraudanten noch ein paar Stunden seinem letzten Schlaf in Freiheit und informierte seine zentrale Leitstelle in Wien, die wiederum um vier Uhr morgens Firmenchef Walter Pöchhakker die frohe Kunde funkte – Pöchhacker schob zu dieser Zeit gerade Wache vor Lettmüllers Wochenendhaus im steirischen Schäffern. Nach dieser Rücksprache meldete Edinger seinen Fund beim nächsten Gendarmerieposten, jenem von Goldegg – und stieß auf Verblüffung und Unglauben. Die Nachricht vom Haftbefehl gegen Franz Lettmüller wegen dringender Fluchtgefahr war noch nicht bis in den Pongau vorgedrungen. Wäre der Detektiv mit Lettmüller im Schlepptau bei der Gendarmerie aufmarschiert, so hätte es keinen Grund gegeben, Lettmüller »anzuhalten«, und er hätte, eindringlich gewarnt, noch eine Chance gehabt, zu entkommen. Die nächsten Stunden vergingen mit fieberhaften Versuchen, in Wien jemanden Kompetenten aufzutreiben, der den Gendarmerieorganen den Haftbefehl bestätigen konnte. Erst um neun Uhr wurde der Buchhalter Franz Lettmüller festgenommen, er leistete keinen Widerstand und äußerte nur, er sei froh, daß nun alles vorbei sei.

Nahezu zwei Jahre später sagte Lettmüller als Angeklagter vor Gericht aus, er habe nicht die Absicht gehabt zu fliehen. Er habe nur noch einmal sein Lieblingspferd »Lucky Joe« sehen wollen, das im Pongau im Training stand. Hätte er wirklich ins Ausland gehen wollen, so wäre es ihm ein leichtes gewesen, mit hundert Millionen Schilling irgendwo ein neues Leben anzufangen. Welches die wahren Motive waren, läßt sich heute nicht mehr nachvollziehen.

Sicher ist nur, daß durch einen für ihn unglücklichen Zufall die goldenen Jahre des größten Unterschlagungskünstlers der Zweiten Republik endeten, des Zufalls, der in diesen Jahren so oft auf seiner Seite gewesen war.

Der Krisenstab operiert

Neben Fachleuten aus der Europapier und Wirtschaftstreuhändern von außerhalb setzte sich das Sanierungsteam für die Europapier aus Dr. Sorger, Dr. Grossnigg und
Finanzchef Ernst Hammel von Salzer sowie Rechtsanwalt
Dr. Kuhn zusammen. Kuhn war der Anwalt der Europapier und zu jener Zeit Partner der Rechtsanwaltskanzlei
von Dr. Michael Graff, damals Generalsekretär der Österreichischen Volkspartei. Dazu standen als Ratgeber in den
sich laufend ergebenden schwierigen Situationen die Geschäftsführer der beteiligten Gesellschafter, Manfred
Leeb, Heinz Kessler und Michael Salzer, dem Kern des
Krisenstabs zur Seite.

Die zwar erhoffte und dann doch überraschend schnelle
Verhaftung von Franz Lettmüller bot Möglichkeiten, wenigstens eine Front bei den parallel anlaufenden Aktivitä-
ten abzusichern. Er war nicht nur voll geständig, sondern
war auch, nachdem sein Spiel verloren war, in jeder Hinsicht bereit zur Zusammenarbeit und Begrenzung des
Schadens, den er angerichtet hatte.

Schon bei einem der ersten Gespräche unterzeichnete er
einen Kaufvertrag mit ihm, Lettmüller, als Verkäufer, und
der Europapier als Käufer für die verbliebenen Reste des
ergaunerten Reichtums, Pferde, Häuser und Grundstücke,
Bilder, Autos und Wertpapiere. Weiters unterschrieb er
ein Schuldanerkenntnis und erklärte seinen persönlichen
Konkurs, was den erfahrenen Masseverwalter Dr. Herbert
Hochegger ins Spiel brachte. Da Lettmüller aufgrund seiner Konkurserklärung verpflichtet war – und ist –, das an-
gerichtete Malheur wiedergutzumachen, bedeutete der
Kaufvertrag nur, daß die von Lettmüller angegebenen
Werte automatisch ins Eigentum der Europapier übergin-
gen, und von dort war der ganze Segen ja auch gekommen.

Eine weitere klassische Sanierungsmaßnahme ging zum Zeitpunkt des Sanierungsgipfels am Montag ebenfalls planmäßig über die Bühne, das Köpferollen in der obersten Führungsebene der Europapier. Dieser Schritt gehört, so lehrt es die Theorie und zeigte es die Praxis in jüngster Vergangenheit bei so manchem gelungenen Wiederbelebungsversuch an österreichischen Großbetrieben, dieser Schritt gehört zum unverzichtbaren Rüstzeug im Sanierungshandwerk. Nach der volkstümlichen Weisheit, wonach der Fisch beim Kopf zu stinken beginnt, ist die einvernehmliche Trennung von der alten Geschäftsführung ebenso schmerzhaft für diese wie heilsam für das Unternehmen. Je gefährlicher ein Unternehmen vom Absturz bedroht ist, desto schneller muß der Schnitt vollzogen werden. Bei der Europapier traf diese Maßnahme die Geschäftsführer Herbert Schmidt und Diplomvolkswirt Jochen Seydewitz, der am 1. Oktober 1985 zur Europapier gestoßen war. Beide verzichteten schon am 12. März auf ihre Rechte, die Kündigung folgte per 16. März, wobei Schmidt noch weiter als Konsulent zur Verfügung stand. Man kann sich unschwer ausmalen, wie lautstark die Gespräche und massiv die Argumente bei den diesbezüglichen Verhandlungen geführt wurden. Lettmüller selbst wurde formell am 11. März entlassen.

Die Aufräumungsarbeiten in dem Trümmerhaufen, der von der noch kurz zuvor scheinbar florierenden Europapier übriggeblieben war, gingen zügig vonstatten. In solchen Situationen bedeutet Zeit nicht nur Geld, der ganze Sanierungserfolg hängt davon ab, daß kein Tempoverlust eintritt und die operativen Maßnahmen schwungvoll abgewickelt werden. Dahinter muß ein klares Konzept stehen, das bereits errungene Erfolge nach innen für die Mitarbeiter und nach außen sofort sichtbar macht.

Daß den 240 Beschäftigten der Europapier jede Motivation abhanden gekommen war, ist verständlich. Der Zusam-

KAUFVERTRAG

abgeschlossen zwischen

Herrn
Franz Lettmüller
geboren am 17. Feber 1948

derzeit Landesgericht für Strafsachen Wien

als Verkäufer

und der

Europapier Handelsgesellschaft m.b.H. & Co. KG.

Autokaderstraße 86–96
1210 Wien

als Käufer

Franz Lettmüller weist die derzeitigen Inhaber des Kaufgegenstandes an, die Kaufgegenstände ab sofort für die Europapier innezuhaben, entsprechende Übertragungsanzeigen zu unterfertigen und ermächtigt die Europapier, die Inhaber durch Übersendung von Ablichtungen dieses Kaufvertrages zu verständigen.

Wien, den

....

(Franz Lettmüller)   (Europapier Handelsgesell-
                                       schaft m.b.H. & Co. KG)

menbruch des Unternehmens hätte ja auch zahlreiche private Existenzen gefährdet, und so stand das neue Sanierungsteam einer Belegschaft gegenüber, die teils die Ohren hängenließ, teils aufgeregt die zu befürchtenden Rationalisierungsmaßnahmen diskutierte. Veit Sorger schilderte eineinhalb Jahre später in einem Interview für das Wirtschaftsmagazin »Gewinn«: »Im Vergleich dazu, wie sich die Europapier-Verkäufer damals bei ihren Kundenbesuchen vorgekommen sind, haben es ja selbst die Verkäufer der VOEST nach dem Hinausschmiß des Vorstandes leicht gehabt.«

Das kurzfristig zur Rettung der Europapier entwickelte Konzept enthielt folgende Punkte:

○ Erstellung eines Bankstatus.
○ Ruhigstellen von Kunden, Lieferanten und Banken.
○ Vereinbarungen mit dem Finanzamt zur Stundung der eingeforderten Steuerschuld.
○ Eintreiben sämtlichen noch vorhandenen unterschlagenen Vermögens.
○ Der Versuch, Außenstehende wie Banken oder die Wirtschaftsprüfungskanzlei der Europapier in die Haftung für den Schaden einzubeziehen.
○ Ein einschneidendes Kostensenkungsprogramm im Unternehmen.

Der Status der Europapier erbrachte ein vermutetes Ergebnis: Die Europapier war überschuldet und hätte ohne die Hilfe der Gesellschafter pleite gehen müssen. Die Überprüfung zeigte aber auch, daß der von den Banken der Europapier eingeräumte Kontokorrentkreditrahmen bei weitem nicht ausgeschöpft war. Und dazu konnte das Sanierungsteam um Veit Sorger und Grossnigg bei den anstehenden Verhandlungen mit den nervösen Geschäftspartnern ein As auf den Tisch legen, nämlich die bereits zugesicherte Patronatserklärung der drei verbliebenen Gesellschafter.

Die Lieferanten wurden teils zu aufklärenden Gesprächen in das Verwaltungsgebäude der Europapier in Wien-Floridsdorf eingeladen, andere wurden in den nächsten Tagen per Post über die neuen Umstände informiert. Tatsächlich konnten die Bedenken der Lieferantenfirmen und Kunden ausgeräumt werden, womit nur ein erster Bereich an der Sanierungsfront stabilisiert war. Unterstützung für das ums Überleben ringende Handelsunternehmen gab es auch von seiten der Banken, die mit der Europapier in Verbindung standen. Das mag neben dem professionellen Auftreten der neuen Führungsmannschaft auch dem Umstand zu verdanken sein, daß es ja nicht nur um die Europapier als Bankkunden ging, sondern mit den drei Gesellschaftern, den Papierkonzernen, ungleich potentere Geschäftspartner der Kreditwirtschaft im Hintergrund die Fäden zogen. Unter den Geldinstituten, die zu gemeinsamer Hilfestellung zusammengetrommelt wurden, finden sich die feinsten Adressen des inländischen Bankgewerbes: die Creditanstalt-Bankverein, die Österreichische Länderbank, die Genossenschaftliche Zentralbank, die Zentralsparkasse, die Erste österreichische Spar-Casse, die BAWAG, die Steirische Raiffeisenbank und die Steiermärkische Bank.

Mühsamer, so zeigte sich, war es, mit dem Fiskus zu einer tragbaren Übereinkunft zu gelangen. Die Einleitung eines Finanzstrafverfahrens gegen Franz Lettmüller im Frühjahr 1987 hatte ja mit zur Entdeckung der Unterschlagungen geführt, und Lettmüller hatte ja nicht nur sein Unternehmen gemolken, sondern fürs erste auch den Fiskus um -zig Millionen Schilling geprellt. Daß er im Verlaufe der vorangegangenen Jahre zwei Steuerprüfungen ungeschoren überstanden hatte, wirft ein bezeichnendes Licht auf den Einfallsreichtum und die Findigkeit Lettmüllers beim Verschleiern seiner regelmäßigen Geldentnahmen. Es dürfte nur wenigen gelungen sein, die gefürchteten Finanzprüfer, denen kaum ein Trick neu ist und die meist langjährige Erfahrung in ihrem Fach haben, so zu narren und hinters Licht zu führen.

Aber die Mühlen der Finanzverwaltung arbeiten zwar manchmal langsam, doch irgendwann erfassen sie fast jeden der großen Steuersünder. Wäre Lettmüller nicht ohnehin wegen seiner Säumigkeit bei der Abrechnung der Firmensteuern ins Schleudern geraten und obendrein seine Verschwendungssucht den Eigentümern zu Ohren gekommen, er wäre in den Netzen einer privaten Steuerprüfung rettungslos untergegangen. Das zuständige Finanzamt ermittelte vorläufig wegen des Verdachts der »Grundstücksspekulation« gegen ihn. Wie hätte er dann den ewig mißtrauischen Finanzbeamten sein Vermögen erklärt?

Aber aufgeschoben ist nicht aufgehoben. Lettmüller war mit den Umsatzsteuervoranmeldungen beim Finanzamt für den 21. und 22. Bezirk hoffnungslos in Rückstand geraten, im März 1987 fehlten noch die entsprechenden Voranmeldungen für die Monate Oktober und Dezember 1985 und natürlich auch für 1986. Es gelang ihm zwar noch mit der Ausrede der Arbeitsüberlastung einige Tage Zeit zu gewinnen, am Montag, dem 9. März, ließ er aber den ihm gesetzten letzten Termin für ein Gespräch mit den Finanzbeamten sausen und setzte sich ab.

Rechtlich gab es für das Finanzamt kein Problem. Mochte auch Franz Lettmüller statt für die ordnungsgemäße Ablieferung der Umsatzsteuer mit den Millionen ein lockeres Leben geführt haben – haftbar für die Fehlbeträge war die Europapier. Natürlich hätte der Fiskus die gesamten offenen Beträge fälligstellen können, für die Europapier hätte das das endgültige »Aus« bedeutet. Wie verzweifelt man dort die Lage sah, geht aus einem Schreiben der Europapier vom 7. April an das zuständige Finanzamt hervor.

»Aus der Verbuchung der berichtigten Voranmeldungen wird sich auf unserem Abgabenkonto folgende Restschuld ergeben: S 26 761 970,–.

Für die Abdeckung dieser Restschuld ersuchen wir Sie um Zahlungserleichterungen.« Im wesentlichen bot die Europapier wöchentliche Ratenzahlung von jeweils einer Million Schilling an und setzte dann nahezu flehentlich fort: »Wir bitten Sie, bei der Beurteilung unseres Zahlungsvorschlages auf folgende Umstände Bedacht zu nehmen.

a) Wie Ihnen bekannt ist, haben wir mit unseren Gläubigerbanken ein Stillhalteabkommen abgeschlossen, demzufolge die bisher eingeräumten Kredite aufrechterhalten bleiben, jedoch nicht ausgeweitet werden können. Wir sind daher gezwungen, die an das Finanzamt zu leistenden Zahlungen überwiegend aus dem Ergebnis unserer laufenden Geschäftstätigkeit zu finanzieren.

b) Weiters verweisen wir darauf, daß neben dem Stillhalteabkommen mit den Banken auch von unseren Lieferanten Zahlungsaufschübe eingeräumt wurden, um den Fortbestand unseres Unternehmens zu sichern.

Im Hinblick auf die in unserer Situation erforderliche Gleichbehandlung unserer Gläubiger bitten wir Sie, den von uns unterbreiteten Zahlungsvorschlag als Ergebnis unserer großen Anstrengung anzusehen.«

Unterstützt wurden die Bemühungen der Europapier auf höherer Ebene, wo sich der Generaldirektor der Neusiedler-Mutter Constantia, Dr. Josef Taus, persönlich bei Finanzminister Ferdinand Lacina für eine »positive Beurteilung« einsetzte. Die Argumente der Europapier-Verantwortlichen verfehlten ihre Wirkung nicht, und so war auch bei den Zahlungen an das Finanzamt die notwendige Atempause gesichert.

Die vorläufige Finanzschuld von fast 27 Millionen Schilling wird für die neuen Firmenverantwortlichen haarsträubend gewesen sein. Hätten sie geahnt, daß das Loch bei den geschuldeten Abgaben in Wahrheit rund 80 Millionen Schilling betrug – auf diesen Betrag kam später das Finanzamt –, es hätte das Sanierungsteam wohl doch noch der Mut verlassen.

Pikant und interessant ist der Anlauf von Grossnigg und Sorger und des Europapier-Rechtsanwalts Dr. Christian Kuhn, den Kreis der für das Malheur Haftenden zu erweitern. Natürlich waren die gravierenden Fehler bei der Europapier selbst gemacht worden, aber es gibt Verbindungen nach außerhalb. So hatte die Treuhandgesellschaft »Auxilia« jährlich den Abschluß der Europapier geprüft und nichts Wesentliches gefunden. Über die näheren Umstände dieser Prüfungstätigkeit wird später noch ausführlich zu berichten sein.

Als weiteren möglicherweise Mitbeteiligten ortete die Europapier die Länderbank, über deren Filiale in Inzersdorf – wo die Europapier gar kein Konto unterhielt – sich Lettmüller mehrmals monatlich Bargeld in Millionenhöhe beschaffte. Die Verbindung zu dieser Filiale in Wien-Inzersdorf stammte noch aus der Zeit der Firma Röder-Haimburger, die in Inzersdorf ihren Sitz hatte.

Es ist nicht Aufgabe dieses Buches, rechtliche Beurteilungen abzugeben. Das wäre auch gar nicht möglich, weil die diesbezüglichen Prozesse erst eröffnet werden oder gerade im Laufen sind. Mit einer endgültigen rechtskräftigen Klärung der Frage der Mithaftung ist in absehbarer Zeit nicht zu rechnen, es geht natürlich auch hier um Schadenersatzleistungen in Millionenhöhe. Für den konkreten Fall – die Schilderung der Sanierungsbemühungen und der dabei angewandten Taktik – genügt die wertfreie Darstellung der Ereignisse.

Die Auxilia Treuhand Wirtschaftsprüfungsgesellschaft wurde mit Schreiben vom 3. Juni 1987 von der Europapier mit folgender Mitteilung erfreut:

»Bei einer gewissenhaften Prüfung des Rechnungswesens

im Zuge der Abschlußprüfung hätte den Prüfern die ungewöhnlich hohe Zahl der Umbuchungen zu Ende eines jeden Jahres auffallen müssen. Bei nur wenigen Stichproben dieser Umbuchungen und Überprüfung der hiezu erstellten Belege hätten die Prüfer feststellen müssen, daß ein wesentlicher Teil dieser Umbuchungen nur der Verschleierung der Unterschlagungen durch Herrn Lettmüller diente.

Aufgrund der vorstehenden Ausführungen, die nur einen Teil der von unseren internen Prüfern festgestellten Mängel bei der Abschlußprüfung durch Sie darstellen, sind wir der Meinung, daß durch die nicht mit der notwendigen Gewissenhaftigkeit durchgeführten Abschlußprüfungen seit dem Jahre 1981 die Unterschlagungen durch Herrn Lettmüller jahrelang unentdeckt blieben und dadurch das enorme Ausmaß von rund S 263 Millionen erreichen konnten.

Wir sehen uns daher veranlaßt, Sie für den uns durch die Unterschlagungen zugefügten Schaden haftbar zu machen. Da die Höhe des uns entstandenen Schadens ziffernmäßig noch nicht feststeht, fordern wir Sie auf, Ihre Haftung für den uns im Zusammenhang mit der ›Causa Lettmüller‹ entstandenen Schaden vorerst dem Grund nach anzuerkennen.«

Die Auxilia anerkannte natürlich weder dem Grund nach noch sonstwie irgend etwas an. Was in der Folge tatsächlich geschah, war ein entfesselter Expertenstreit, der bis heute anhält und an den Grundmauern des ganzen Berufsstandes der Wirtschaftsprüfer rüttelt, weil bis jetzt noch nicht klar ist, ob der Fall Lettmüller von den Prüfern überhaupt zu verhindern war. Darüber später mehr.

Schon am 27. März erreichte die Länderbank-Zentrale Am Hof ein Brieflein, in dem die Europapier in einer Reihe von Fragen ihre Verwunderung über das Verhalten des Filialleiters in der Filiale Inzersdorf und der damit in Zusammenhang stehenden Umstände nur mühsam hinter sachlichem Stil verbarg.

Und so lasen sich die als Fragen getarnten Vorwürfe, die sich aus dem damaligen Wissensstand des Sanierungsteams ergaben:

»Im Zusammenhang mit den Unterschlagungen des Herrn Lettmüller übergeben wir Ihnen beiliegend Unterlagen über die Scheckeinlösungen in den Jahren 1981 bis 1987. Es ergeben sich für uns hieraus folgende Fragen:

1) Wieso hat die Österreichische Länderbank (ÖLB) die Geschäftsleitung der Europapier nicht von den Barabhebungen informiert, obwohl diese über so lange Jahre und mit explosionsartig steigenden Beträgen praktiziert wurden? Dies auch im Hinblick darauf, daß der ÖLB-Umsatz lediglich ca. S 150 Millionen (1986) betrug, wovon rund 50 Prozent allein aus den Barabhebungen des Herrn Lettmüller resultierten.

2) Welche Untersuchungen und welche Ergebnisse hieraus gibt es aus ÖLB-Sicht seit dem Bekanntwerden der Unterschlagungen?

3) Wer waren die verantwortlichen Herren in der ÖLB-Filiale Inzersdorf? Diese Filiale hatte nie ein Europapier-Konto!

4) Wieso hatte diese Filiale so hohe Barmittel, um die ungewöhnlich hohen Barauszahlungen tätigen zu können? Wurden die Barabhebungen avisiert? Wieso wußte die ÖLB-Zentrale nichts davon?«

Weitere »Fragen, die sich der Europapier im Augenblick stellen«, bezogen sich darauf, ob die interne Revision der Bank hinsichtlich der laufenden Barabhebungen nie Beanstandungen gemacht habe und wie die internen Regeln dazu lauten, oder auch, ob es stimme, daß Lettmüller der Filiale telefonisch Anweisungen gab, unterschlagene Beträge zu disponieren.

»Wir ersuchen Sie um möglichst unverzügliche Bearbeitung dieses Falles und danken Ihnen im voraus für Ihre Mithilfe bei der Aufklärung«, endete der Brief.

Die Länderbank bearbeitete tatsächlich unverzüglich und ließ die Europapier das Ergebnis in einem Schreiben vom 3. April in ebenso geschmeidigen wie nichtssagenden Formulierungen wissen:

»Uns präsentieren sich daher die – ihrem inneren Gehalt nach zweifellos ungetreuen – Geschäftshandlungen des Herrn Lettmüller als der Form und dem äußeren Anschein nach übliche bankgeschäftliche Transaktionen, die uns weder seinerzeit zur Vornahme von Kontrollhandlungen veranlaßt haben noch heute veranlassen, irgendwelche Untersuchungen in unserem Hause anzustellen.«

Staatsanwalt Dr. Erich Müller bemerkte später im Prozeß gegen Lettmüller lakonisch: »Demnach wurden nicht nur firmeninterne Personen, sondern auch die Organe des Geldinstitutes über wesentliche Geschäftspunkte getäuscht, mag auch die Vorgangsweise Gustav Kemptners sehr seltsam sein.« (Gustav Kemptner war der Leiter der Länderbank-Filiale in Inzersdorf.)

Während bei dem Versuch, Institutionen oder Personen zur Mithaftung an dem angerichteten Schaden zu zwingen, vorerst lediglich eine neue Front eröffnet wurde, deren Schlachten mit juristischen Waffen noch voll im Gange sind, ergaben sich bei einem weiteren Ziel des Sanierungskonzeptes, dem Rationalisierungsprogramm in der Europapier selbst, ganz anders geartete Probleme. Es war geplant, binnen vierzehn Tagen fühlbare Kostensenkungen zu erreichen. Die Zeit drängte deshalb, weil ja aus der laufenden Geschäftstätigkeit neben den üblichen Zahlungen die Raten ans Finanzamt erwirtschaftet werden mußten und der Zustand der Überschuldung natürlich untragbar war.

Rationalisierung bedeutete zweierlei, besseres Nutzen der Chancen der Europapier im Markt, aber auch Einsparungen bei den Personalkosten und Straffung der Verwaltung. Was die Chancen auf vermehrte und ertragreichere Geschäfte anlangt, so stellte sich bald heraus, daß die Europapier weitaus besser dastand als ursprünglich vermutet. Neue Beziehungen zu Kunden wurden angebahnt, der Wechsel von der bisher laschen Führung zu einer kostenbewußten Strategie der Gewinnmaximierung zeitigte schnell zählbare Erfolge. Dazu ist es unterhaltsam zu wissen, daß die alte Europapier ihre Geschäftsergebnisse mit den Zahlen der Konkurrenz, soweit sie verfügbar waren, stets verglichen hatte. In der Tatsache, daß etwa der größte Konkurrent »Wiener Papier«, der dem Leykamkonzern gehört, in der Größenordnung vergleichbare geschäftliche Erfolge ausweisen konnte, glaubte man eine Bestätigung der eigenen tadellosen Geschäftsführung zu finden – ein tragischer Irrtum.

All die Sanierungserfolge konnten aber nichts daran ändern, daß die folgenden Monate bis September eine einzige Gratwanderung für die Europapier waren, wo eine falsche Entscheidung den Schritt in den Abgrund hätte bedeuten können. Schon in den ersten Wochen war nicht zu übersehen, daß die Europapier binnen weniger Monate oder gar Wochen keinesfalls ausreichend abgesichert werden konnte. Daraus ergab sich die Notwendigkeit für Veit Sorger, seine bislang praktizierte Doppelbeschäftigung einerseits als Geschäftsführer der Papierfabriken von Salzer, andererseits als Chefsanierer der Europapier aufzugeben. Sorger nahm also seinen Abschied bei Salzer und übernahm den Posten des Geschäftsführers der Europapier. Damit wechselte er den Arbeitgeber, denn bei Europapier hatte seit dem Krisengipfel die Neusiedler die Mehrheit, und so gehörte Veit Sorger als Europapier-Geschäftsführer nun zum Turnauer-Konzern.

Nahmen also die Geschäfte einen erfreulichen Aufschwung, so war beim Problem der Einsparungen bei den

Personalkosten Widerstand zu überwinden. Die total verunsicherte Belegschaft trug aber dann doch mehr oder weniger begeistert die Sanierung mit. Man muß es erlebt haben, was in den Herzen und Gedanken von Menschen vorgeht, die Gefahr laufen, ihren Arbeitsplatz zu verlieren. Familienschicksale hängen an einem Faden, und Bürobedienstete, die mit all den Turbulenzen um Franz Lettmüller auch schon gar nichts zu tun hatten, verbrachten schlaflose Nächte.

Man macht sich ein falsches Bild von den Ereignissen, wenn man den Fall Lettmüller als reines finanzielles Abenteuer betrachtet. Der Robin-Hood-Effekt, den Lettmüller später in der Öffentlichkeit vielfach hervorrief – einer, der irgendwelchen Geldsäcken Millionen klaut, die wahrscheinlich ohnehin durch Versicherungen gedeckt sind –, sah in der nüchternen Wirklichkeit ganz anders aus. Die Auswirkungen von Lettmüllers Verfehlungen waren ganz einfach so, daß er, wie Zeitungen später plastisch formulierten, »das Geld sackweise aus der Firma trug« und mit feilen Weibern, Pferden und Luxusautos verpraßte und damit in Kauf nahm, die Kollegen und deren Familien ihrer Existenz zu berauben. Darin ist abseits juristischer Erwägungen die moralische Schuld des Betrügers zu suchen und zu finden. Die persönlichen Umstände, die Lettmüller zu den Unterschlagungen bewogen haben mochten, sind dabei unerheblich.

Beinahe sechzig Leute verloren im Zuge der Umorganisation ihren Posten, knapp zwanzig wurden neu aufgenommen. Wo früher 240 Menschen ihr Brot verdienten, sind heute nicht einmal 200 tätig.

Der letzte Punkt des Sanierungskonzepts für die Europapier betraf die Sicherstellung des verbliebenen von Lettmüller unterschlagenen Riesenvermögens. Die Jagd nach den Resten der Europapier-Millionen gestaltete sich ebenso spannend wie aufschlußreich für den schillernden

Lebensstil des dicken Kriminellen mit dem sympathischen Auftreten.

Die Suche nach den verlorenen Millionen

Die Spur zu den vergleichsweise kärglichen Resten von Lettmüllers großem Fischzug konnte einerseits durch den Kaufvertrag aufgenommen werden, mittels dessen die Europapier von Lettmüller als »Käufer« seiner Habe bestätigt wurde – selbstverständlich ohne nochmals dafür bezahlen zu müssen, denn Lettmüller schuldete der Europapier ja seinerseits die unterschlagenen Hunderte Millionen Schilling. Andererseits ergaben die Ermittlungen der Wirtschaftspolizei laufend Hinweise auf weitere versteckte Vermögensteile, vor allem Grundstücke und Häuser.

Das Sanierungsteam, das durch den Überlebenskampf der Europapier ohnehin bis an die Grenzen seiner Möglichkeiten ausgelastet war, hätte rein zeitlich gar nicht mehr die Gelegenheit gehabt, obendrein noch die Indizien und Beweise zu sammeln und zu sichten, die die Sicherstellung und Verwertung der jeweils entdeckten oder vermuteten Wertsachen und Objekte gewährleistet hätten. So griff man auf die schon bewährte Methode zurück, Spezialisten zu engagieren, welche die nötigen Arbeiten erledigten. Die Europapier beauftragte wiederum die Detektivagentur Pöchhacker mit den Ermittlungen und dem Schutz des nun wieder der Europapier gehörenden Eigentums. Auftraggeber war diesmal aber Veit Sorger, die alte Geschäftsführung war ja schon ausgeschieden. Es zeigte sich, daß die Bewachung der einzelnen Häuser und Liegenschaften dringend geboten war, weil alles, was einmal davongeschleppt werden konnte, für die Europapier endgültig verloren war. Die Detektive erwiesen sich dazu in-

EUROPAPIER HANDELSGESMBH & CO. KG
STATUS PER 30. 4. 1987

AKTIVEN				PASSIVEN	
Lettmüller-Vermögen:					
bekannt: John Erlag	0,100			Finanzamt: unbestimmt	
Kassa/Wertpapiere:					
– ÖLB	2,000			diverse	
– ÖLB	0,800			Banken: Absonde-	
– Bawag	8,000			rungsrechte	
– Bawag	0,123	+82			
– Spk. Baden	1,100		12,205	Europapier	263 097
Beteil. Fonds:					
IGV	0,300			Kosten des	
K + W Pöls 50 + 100	0,150			Verfahrens	
E-Fonds	0,080		0,530		
Forderungen:					
– Medwed	9,900				
– Kemptner	3,000				
– Trabrennverein	0,250				
– Boge	0,100				
– Sabolek	2,000				
– Bürgler	1,300				
– Lanik	0,100				
– Winter	0,060		16,710*		
Pferde (lt. beil. Aufstellung):			2,125		
Liegenschaft (Schätzwerte):					
– Schäffern 2 169 m²	3,000				
– Forchtenau	0,100				
– Oberw./Unterw.	1,500				
– Kemeten	2,700				
– Edlitz 1 700 m²	0,100				
– Punitz	0,500		7,900		

* Die Forderungen sind hinsichtlich der Höhe ihrer Einbringlichkeit noch nicht geprüft. Eine 100prozentige Einbringlichkeit ist allerdings auszuschließen.

bewegl. Vermögen:			
– Teppiche 7 Europapier			
21 Doroth.	Schätzung		
7 WIPOLIZEI		0,500	
– Schmuck (Finanzamt Boge)		1,000	
– Fahrzeuge:			
Mercedes 0,830	verkauft		
Mercedes 0,250	verkauft		
200 Avant 0,400	ohne Papiere	1,480	
		42,450	

Darüber hinaus besteht der Verdacht, daß Vermögenswerte an Dritte (zum Teil bekannt) übertragen wurden sowie daß vorhandene Werte noch nicht aufgedeckt werden konnten.

Wien, 28. 4. 1987
EFG/GP

sofern nützlich, als sie parallel mit der Wirtschaftspolizei diverse dem Lettmüller zuzuordnende Latifundien aufspürten. Sie stocherten in Abfallkübeln und holten Belege hervor, sichteten das Inventar von Lettmüllers Haus in Schäffern und hatten ein Auge auf die Liegenschaft mit dem Gestüt in Punitz, das offiziell Lettmüllers Frau Christine gehörte.

Ein Problem besonderer Art ergab sich aus dem von Lettmüller kostspielig gepflegten Steckenpferd, dem Trabrennsport. Lettmüller selbst besaß Reitställe wie »Bajazzo« oder die von ihm in der Schweiz gegründete »Inter Horse AG«. Daneben gab es noch eine zu dieser Zeit unbekannte Anzahl von Pferden, die, wie sich herausstellen sollte, in ganz Europa und sogar in den USA eingestellt waren und in diversen Ställen trainiert wurden. Lettmüllers Freundin Irene Bogyi gehörte der Stall Oslo.

Nun war also die Europapier Besitzer einer laufend größer werdenden Zahl von Rennpferden, Stuten, Hengsten und Fohlen, und so groß der Erfahrungsschatz der Sanierer auch in wirtschaftlichen Fragen sein mochte, von Pferden im allgemeinen und vom Trabrennsport im besonderen verstand keiner von ihnen auch nur das geringste. Was also tun mit den »Würschtln«, wie Lettmüllers vierbeiniges Vermächtnis im internen Sprachgebrauch genannt wurde?

Die Lösung dieses Problems wurde zwei Männern übertragen, beide Angestellte bei anderen Firmen, beide aber auch aufgrund ihrer persönlichen Freizeitbeschäftigungen in der Traberszene verankert. Da die Tätigkeit des Duos für die Europapier inoffiziellen Charakter hatte, soll die Anonymität der beiden Herren gewahrt bleiben, sie werden in der Folge als H. und P. bezeichnet. Die gestellte Aufgabe umfaßte das Aufspüren und Sicherstellen aller Pferde, die Lettmüller persönlich gehört hatten, die Überführung zu einem gemeinsamen Sammelplatz und schließ-

HAUPTVERBAND FÜR TRABER-ZUCHT UND -RENNEN E.V. (HVT)

Hauptverband für Traber-Zucht und -Rennen e. V.
Postfach 2360 · 4044 Kaarst 2

Eingelangt
7. APR. 1987

An die
Firma
Europapier Handelsgesellschat m.bH.
Autokader Str. 86-96
Postfach 1

A-1210 Wien
ÖSTERREICH

4044 Kaarst 2
Gutenbergstraße 40 (Hochhaus)
Postfach 2360
Telefon: 02101/51557-9
Telex: 8517557
Bankkonto:
Deutsche Bank AG Neuss 9076050
(BLZ 30070010)
Postscheckkonto:
Köln 212704-508 (BLZ 37010050)

3.4.87 fl

Betr.: Firma Inter-Horse AG

Sehr geehrter Herr Dr. Sorgler,

bezugnehmend auf Ihr Schreiben vom 1. April 1987 bestätigen wir, daß
für die Firma Inter-Horse zur Zeit nachstehende Pferde eingetragen sind:

Bajada, R.-S., gez. 1981 v. Speedy Count a.d. Sparkeena Hanover
Caroliner, Sch.-H., gez. 1982 v. Steve Lobell a.d. Cedar Crest Carol
Inso, br.H., gez. 1983 v. Courtly a.d. Denisia
Istellane, br.S., gez. 1983 v. Devil Hanover a.d.Castellane II
(Zur Zeit vorübergehend nach Dänemark ausgeführt - befristet bis zum 30.6.87)
Desiderum, dbr.H., gez. 1983 v. Speedy Count a.d. Noble
(Zur Zeit vorübergehend nach Schweden ausgeführt - befristet bis zum 30.4.87)
Equipage, br.S., gez. 1984 v. Steve Lobell a.d. Vincennes
Biruby, br.S., gez. 1984 v. Netted a.d. Brazillja
(Zur Zeit vorübergehend nach Dänemark ausgeführt - befristet bis zum 30.6.87)
Just Noble, br.H., gez. 1984 v. Meadow Matt a.d. Bonliaison
Mr. Abado, br.H., gez. 1984 v. Super Bowl a.d. Miss Satin
(Zur Zeit vorübergehend nach Schweden ausgeführt - befristet bis zum 30.4.87)
Teletrab, br.H., gez. 1985 v. Corner a.d. Berna
(Zur Zeit vorübergehend nach Schweden ausgeführt - befristet bis zum 30.4.87)
Jerry, br.H., gez. 1985 v. Isenburger a.d. Ibella
Charming Countess, br.S., gez. 1980 v. Super Bowl a.d. Buckeye Countess
Castleton Bonus, br.s., gez. 1980 v. Lindy's Pride a.d. Spring Bonus
Ceruantes, br.H., gez. 1982 v. Speedy Count a.d. Namanga
(Der Hengst wurde vorübergehend nach Dänemark ausgeführt; Ausfuhrschein
befristet bis zum 31.3.86; die Rückkehr und der weitere Verbleib des Pferdes
wurden nicht gemeldet.)

Mit freundlichen Grüßen
Im Auftrag

lich die bestmögliche Verwertung, und das war eine Versteigerung. Das Duo H. und P. wurde auf der Basis eines Erfolgshonorars tätig, fünf Prozent der erzielten Erlöse standen ihnen zu. Regelmäßige Berichte an Veit Sorger stellten den Informationsfluß sicher.

Die zwei Pferdejäger nahmen sich bei ihren Arbeitgebern Urlaub, und man kann nicht sagen, daß sie lange herumtrödelten, im Gegenteil. Schon am 17. März 1987, also gleich nach Lettmüllers Verhaftung, legten sie einen ersten Bericht vor, der Licht in die verworrenen Besitzverhältnisse und Standorte der Pferde Lettmüllers und dessen Freunden brachte.

Eine Bestandsaufnahme der Pferde beim Wiener Trabrennverein ergab folgenden Stand:

○ Gestüt *Expreß*, Besitzerin Lettmüllers Frau Christine, 15 Pferde.

○ Stall *Bajazzo*, Besitzer Franz Lettmüller, fünf Pferde.

○ Firma Inter Horse AG, zeichnungsberechtigt Franz Lettmüller, zwei Pferde (in Österreich).

○ Stall *Oslo*, Besitzerin Lettmüllers Freundin Irene Bogyi, ein Pferd.

○ Stall *Butterfly*, Besitzer Franz Spaderna, Irene Bogyi, Franz Nebel und Franz Lettmüller, ein Pferd.

○ Stall *Boheme*, Besitzer Walter John, ein enger Vertrauter Lettmüllers, zwei Pferde.

○ Stall *Waudi-Waudi*, Besitzer Walter John und Werner Zahradnik, Schwager von Irene Bogyi, ein Pferd.

○ Stall *Sincerete*, Besitzer Werner Zahradnik, ein Pferd.

Am 20. März folgte Bericht Nummer zwei mit einer Fülle weiterer Informationen über in Lettmüllers vermutlichem Eigentum stehende Pferde sowie der Hinweis, daß über die Zusammenarbeit mit der Wirtschaftspolizei Informationen über die Pferde der Inter Horse AG zu erwarten seien.

Diese Informationen langten am 3. April bei der Europapier ein und sorgten für Verblüffung. Laut Auskunft des Hauptverbandes für Traber-Zucht und -Rennen in Deutschland gehörten der Inter Horse zu diesem Zeitpunkt vierzehn Pferde, die in mehreren westeuropäischen Ländern in den Ställen standen. Es wurde also Zeit, sich der von Lettmüller in der Schweiz gegründeten Firma genauer zu widmen.

Die Inter Horse AG gehörte offiziell einer Stiftung in Liechtenstein, der »Mole-Stiftung«, die die Aktien an der Inter Horse AG treuhänderisch hielt. Natürlich war auch die Mole-Stiftung eine Schöpfung Lettmüllers, der keinerlei Interesse daran hatte, mit Mole und Inter Horse in Verbindung gebracht zu werden. Das Geld für diese Gründungen hatte Lettmüller jeweils bar im Kofferraum seines Autos mitgebracht. Die schweizerische Rechtsordnung sieht vor, daß eine AG in der Schweiz einen Schweizer als Verwaltungsrat haben muß, und dieser hieß im Falle Inter Horse Robert Ochsner. Ochsner hielt zwei der fünfzig Inhaberaktien der Gesellschaft. Die restlichen 48 Aktien hielt der Rechtsanwalt Walter Matt im liechtensteinischen Vaduz treuhändig für Lettmüller.

Nun hatte zwar Lettmüller seine Rechte an der Inter Horse an die Europapier verkauft und ein Schreiben unterzeichnet, das alle jene Personen zur Herausgabe Lettmüllerschen Vermögens verpflichtete, die solches verdeckt für ihn in Verwahrung hatten, die gewieften Finanzfachleute in Liechtenstein oder in der Schweiz konnte man damit nicht beeindrucken. Die Pferdefahnder der Europapier sammelten also kurzerhand die in Deutschland, Holland, Dänemark und Schweden eingestellten Pferde ein oder sicherten zumindest die Zugriffmöglichkeit der Europapier auf die Tiere, während bei der Inter Horse und der Mole-Stiftung die von Lettmüller eingesetzten Strohmänner »Verrat« durchs Land brüllten. Die Taktik, sich zuerst einmal das Eigentum zurückzuholen und dann in Ruhe die Gegenseite darum prozessieren zu lassen, erwies sich als höchst erfolgreich und war unter den gegebenen Umständen nur zu gerechtfertigt. Beim Prozeß gegen Lettmüller teilte der Staatsanwalt mit, daß »die Inter Horse nach wie vor sehr lebendig ist und den Erlös der von der Europapier versteigerten Pferde für sich beansprucht!«

Nur widerstrebend rückte auch Lettmüllers Frau Christine, die Besitzerin des Gestüts »Express« in Punitz im südlichsten Burgenland, die Franz Lettmüller gehörenden Pferde heraus, die in ihren Stallungen standen.

Der Star unter den zahlreichen Spitzenpferden, die Lettmüller in seinen Rennställen hatte, war aber »Lucky Joe«. An diesem Tier hing der dicke Pferdefreund mit offener Zuneigung. Lucky Joe wurde im Gestüt Pongau unter dem Trainer Cornel Bürgler auf Trab gehalten. Lettmüller erklärte später, er sei auf seiner Flucht nach Salzburg gefahren, um sein Lieblingspferd noch einmal zu sehen.

Die akribischen Nachforschungen der Herren H. und P. bereicherten die nunmehr der Europapier gehörende Herde auf insgesamt 54 Tiere, zu denen noch ein Fohlen kam, das in jener Zeit von einer der Stuten geworfen worden war.

Gleichzeitig tauchten aber neue Schulden für die Europapier auf, die nunmehr ja Eigentümer der Pferde war. Bei der Inter Horse waren per 6. April noch folgende Rechnungen für die Einstellung und das Training der Pferde in halb Europa offen:

DM	49 244,—
Öst. Schilling	35 093,50
Schweizer Franken	2 316,—
Schwedische Kronen	18 527,—
Dänische Kronen	44 794,—

Es war damit ein wesentlicher Teil der gestellten Aufgaben bewältigt, nun ging es noch um einen möglichst ge-

FRANZ LETTMÜLLER

Vermögenswerte:

		Buchwerte	Wert- berich- tigg.%	Restbuch- werte
Interhorse AG				
Erlös Pferde		3 200 000,00		
Bankguthaben:				
Sparkasse Baden	Giro 0201-012457	14 561,00		
	Sparbuch	1 100 000,00		
Bawag Baden	Sparbuch	82 527,75		
	Effektendepot 24568	213 000,00		
	Sparbuch 24520018316	1 659 951,74		
	Sparbuch 24520018324	697 230,79		
	Sparbuch 24520018510	1 856 923,72		
	Kapitalanlagebuch 24568003868	440 000,00		
	Juxten-Bon 30492/270/KG	500 000,00		
	Juxten-Bon 30904/270/KG	500 000,00		
	Juxten-Bon 472096/270/KG	1 000 000,00		
	Juxten-Bon 44313/270/KG	1 000 000,00		
	Juxten-Bon 25693/270/197	300 000,00		12 564 195,00
Lebensversicherung	Nordstern Rückk.-W.	202 041,80		202 041,80
PKW Audi Avant Quattro	Erlös ev. 400 000,–	350 000,00		350 000,00
Teppiche	21 Teppiche lt. Gutachten	630 500,00		
	7 Teppiche	110 000,00		
	7 Teppiche bei Europapier	100 000,00	25%	630 375,00
Wohnung Perchtoldsdorf	Einrichtung	169 275,00		
	Figurenstudie Gauermann	130 000,00	25%	149 637,00
Darlehensforderungen	J. Winter	60 000,00		
	P. Lanik	100 000,00		
	F. Bürgler	1 000 000,00		
	F. Bürgler, Kauf Audi	300 000,00		
	R. Sabolek	1 500 000,00		
	H. Medwed	10 000 000,00		
	H. Medwed (Mehrbetrag lt. WiPo)	15 000 000,00		
	G. Kemptner	3 000 000,00	75%	7 740 000,00
Mufflons		30 000,00		30 000,00
Liegenschaften	EZ 2134 Unterwart			
	EZ 2405 Kemeten			
	EZ 78 Edlitz			
	EZ 755 Punitz			
	EZ 1908 + 1909 Forchtenau			
	EZ 100 Schäffern			
		12 000 000,00	40%	7 200 000,00
			– Verb.	–1 300 000,00
		57 246 011,80		27 566 248,80

Wien, den 24. Juni 1987

54

winnbringenden Verkauf. Einzelne Pferde wurden freihändig an Interessenten abgegeben, der Großteil der teuren Vierbeiner sollte aber bei einer internationalen Auktion bestmögliche Preise erzielen.

Als Ort der großen Versteigerung wurde das bei Hamburg gelegene Gestüt Lasbek gewählt, das sich in Kreisen von Pferdekennern eines ausgezeichneten Rufes erfreut. Am 2. Mai 1987 war es soweit. Zum Verkauf kamen ausschließlich die Pferde der Inter Horse AG, ein aufwendiger Versteigerungskatalog pries die Vorzüge der angebotenen Edelrenner in klingenden Worten:

»Das Gestüt Lasbek begrüßt alle Freunde des Trabrennsports zu einer besonderen Auktion!

Wir freuen uns, Ihnen ein exklusives Angebot machen zu können: Aus der Liquidation der Inter Horse AG präsentieren wir Ihnen ein sehr interessantes Lot an Startpferden, Zuchtstuten – zum Teil mit Fohlen –, Zweijährigen und Jährlingen. Mit der spontanen Übernahme und schnellen Organisation dieser Versteigerung folgt das Gestüt Lasbek dem Prinzip, bestes Material zu marktgerechten Preisen über Auktionen einem breiten Kreis von Interessenten anzubieten. Die Inter Horse AG war bekannt dafür, nur absolute Top-Pferde für den Rennstall zu erwerben, und die Mutterstuten sind aufgrund ihrer Blutlinien über jeden Zweifel erhaben.

Sie haben somit die einmalige Gelegenheit, Ihren Renn- und Zuchtbetrieb durch das eine oder andere Klassepferd zu bereichern.«

Kein Zweifel, von Pferden verstand er was, der Franz.

Die Versteigerung nahm denn auch den erhofften Verlauf. In dem »Bericht über den Pferdeverkauf Inter Horse AG« wurde der Europapier erfreuliche Kunde zuteil:

»Die Auktion war ein hervorragender Erfolg, der unsere Erwartungen und die des Veranstalters übertroffen hat. Die Herren H. und P. haben hier in kürzester Zeit erstklassige Arbeit geleistet. Es gelangten 19 Pferde zur Versteigerung, 17 davon wurden verkauft.« Insgesamt blieben nach Abzug diverser Spesen 3,2 Millionen Schilling übrig, die auf ein Sparbuch eingelegt wurden, über welches der Masseverwalter nach Lettmüllers persönlichem Konkurs verfügen konnte. Andere Pferde wechselten durch freihändigen Verkauf in Österreich den Besitzer.

Mehr oder weniger spärlich tröpfelten die Gelder aus den Verkäufen der anderen aufgestöberten Vermögensteile, die Franz Lettmüller an Verwertbarem hinterlassen hatte. Das meiste fand sich in Form von Sparbüchern und Wertpapieren bei der Filiale der BAWAG in Baden, wo ja auch Lettmüllers Trabrennfreund und Mittelsmann Walter John angestellt war. Auf die zentrale Rolle Walter Johns wird in einem späteren Kapitel eingegangen. Immerhin konnten bei der BAWAG und bei der Sparkasse Baden zusammen rund zwölfeinhalb Millionen Schilling in Verwahrung genommen werden. Einen siebenstelligen Betrag konnte sich die Europapier auch aus dem Verkauf von Lettmüllers verschiedenen Liegenschaften erwarten. Grundstücke in Unterwart, Kematen, Edlitz, Punitz, Forchtenau und Schäffern wurden in einer Vermögensaufstellung über die bislang entdeckten Reichtümer des Betrügers auf einen Verkaufswert von knapp sechs Millionen Schilling eingeschätzt.

Menschenfreund, der Lettmüller ja war, lieh er auch große Summen aus dem gestohlenen Vermögen an seine diversen Freunde. Die Europapier-Sanierer staunten nicht schlecht, als sich herausstellte, daß der Leiter der Länderbank-Filiale in Inzersdorf, Kemptner, wo Lettmüller jahrelang hindurch großzügig mit Bargeld versorgt worden war, mit einem Darlehen in der Höhe von drei Millionen Schilling bedacht worden war. Dem Bruder des Trabertrainers Cornel Bürgler im Pongau, Franz Bürgler, borgte er eine Million zur Sanierung eines Hotels und 300 000 Schilling zusätzlich, damit Hotelier Bürgler standesgemäß in einem Audi fahren konnte.

Am reichlichsten versorgt wurde aber, abgesehen vom Kreis der Frauen und Freundinnen, sein enger Bekannter H. Medwed. Ihm pumpte Lettmüller für den Aufbau einer Videotheken-Kette das runde Sümmchen von 25 Millionen Schilling, wobei angenommen werden kann, daß in manchen Fällen Leihen einer Schenkung gleichkam. Die Europapier jedenfalls setzte die Einbringlichkeit der bekanntgewordenen dreißig Millionen Schilling »Darlehen«, mit denen Lettmüller seinem Freundeskreis das harte Los, Normalverdiener zu sein, deutlich erleichterte, vorsichtshalber nur mit 7,74 Millionen Schilling an.

Klar, daß auch ein ganzer Fuhrpark von Luxusautos bei der Kollekte der Vermögensreste, teils verschenkt, teils auf Lettmüller gemeldet, von den Beamten der Wirtschaftspolizei und den Detektiven aufgespürt werden konnte. Teuerste Mercedes-Typen, Audi und Renault bis zum exklusiven Sportwagen waren die bevorzugten Marken gewesen.

Vom Schmuck und den Juwelen, mit denen Lettmüller seine Frauen wie Weihnachtsbäume behängte, wurden bei Irene Bogyi allein Ringlein, Ketten und Steinchen im Restwert von fast 4,7 Millionen Schilling sichergestellt.

Alles in allem, mit Wohnungseinrichtungen, Teppichen und Bildern und was sonst noch zum Verkauf geeignet war, konnte ein Vermögen zusammengetragen werden, das üblicherweise ausreicht für ein sorgenfreies Leben. Der Masseverwalter nach Lettmüllers privatem Konkurs, Dr. Hochegger, hätte hochzufrieden sein können.

Staatsanwalt Dr. Erich Müller zeigte sich beim Lettmüller-Prozeß dann aber verständlicherweise keineswegs sehr enthusiasmiert:

»Die Schadensminderung durch die Veräußerung des sichergestellten Vermögens Franz Lettmüllers in dem anhängigen Konkursverfahren fiel bisher im Verhältnis zu dem Gesamtschadensbetrag überaus bescheiden aus und beträgt derzeit laut Bericht des Masseverwalters Dr. Herbert Hochegger rund 25 Millionen Schilling.«

Bis zum heutigen Tag sind Gerüchte nicht verstummt und die Hoffnung nicht aufgegeben, daß es da irgendwo noch einen versteckten Geldtopf mit dreißig oder vierzig Millionen Schilling geben könnte. Weder die intensiven Nachforschungen noch der Prozeß konnten aber konkrete Hinweise auf eine solche eiserne Reserve Lettmüllers bringen. Dazu wiederum der Staatsanwalt im Originalton: »Der Verbleib der in der österreichischen Kriminalgeschichte einmalig hohen Beute konnte nicht erschöpfend geklärt werden. Insbesondere die umfangreichen Geldtransaktionen ins Ausland konnten bisher nicht aufgehellt werden.«

Klar dagegen wurde im Laufe der Erhebungen, wie Lettmüller und sein Clan mit Geld umzugehen pflegten – den Ermittlern gingen schier die Augen über. Ist schon die Beute, die Lettmüller aus der Europapier hinausschleppte, dem Betrag nach auf einsamer Rekordhöhe, so ist andererseits die Kaufwut genauso geeignet fürs Buch der Rekorde. Seit Menschengedenken nicht und sicher nicht im modernen Österreich gab es einen derartig orgiastischen Verschwendungsexzeß, wie ihn Lettmüller und sein Freundeskreis zelebrierten.

2. Die große Verschwendung

».. . und das Unnötige ist bald der beste Teil seiner Freuden.«

Friedrich Schiller

Der Traum vom Reichtum

So stellt sich Klein Hänschen das Leben der Reichen vor.
Frauen und Freunde, rassige Pferde und rasante Autos,
Luxusreisen, elegante Häuser und grandiose Feste, kurz,
ein ungetrübtes Glück in Saus und Braus. Und wenn sie
nicht gestorben sind, dann leben sie noch heute.

Bis auf die Äußerlichkeiten trifft nichts auf Franz Lettmüller zu, wie ja auch das primitive Bild vom Leben der Reichen nur eine Illusion ist. Die wirklich Wohlhabenden leben zumeist bemerkenswert bescheiden, weil sie niemandem etwas beweisen müssen. Reichtum verpflichtet zu
Sparsamkeit, und nur die weniger Begüterten neigen zuweilen dazu, Geld mit vollen Händen auszugeben.

Selten wurde der Gegensatz zwischen trügerischem
Schein und kümmerlicher Wirklichkeit so offenbar wie
bei Lettmüller und seinem Freundeskreis. Großartig insze-
nierter Lebensstil gepaart mit miefig kleinbürgerlichen
Entgleisungen, aufdringlich zur Schau gestellte Protzerei
neben parasitärer Gewöhnlichkeit, in diesem Spannungsfeld lebte und verlebte der Lettmüller-Clan. Und wer
leichtfertig glaubt, der Lebemann Lettmüller habe »sich alles leisten können, was das Herz begehrt«, wie eine wider-
sprüchliche Redewendung lautet, der irrt. Genau das Gegenteil trifft zu. Nichts von dem, was er sich im Herzen er-
sehnte, konnte er mit den ins Enorme wachsenden Geld-
beträgen einhandeln, weil Liebe, Zuneigung, Achtung und
Anerkennung nie käuflich sind.

Nur vor diesem Hintergrund ist die von Lettmüller betrie-
bene Vermögensvernichtung überhaupt zu verstehen.
Hier lebte nicht ein lebensfroher Genußmensch unbesorgt
seinen Neigungen, hier kämpfte einer verzweifelt mit un-
tauglichen Mitteln und gewann doch keinen Schritt an
Boden. Die Enttäuschung über das Versagen seiner Bemühungen erklärt zum Teil die Dynamik, mit der die unge-

heure Verschwendung und Prasserei in einer Form von Rache am eigenen unrechten Reichtum gipfelte. Ohne die Probleme in Lettmüllers privater Gefühlswelt hätte es einen »Fall Lettmüller« nicht gegeben. Der Schlüssel liegt in Lettmüllers Beziehungen zu seinen Frauen.

Die Frauen

Die Chronik der ersten Berufsjahre von Franz Lettmüller liest sich wie die Erlebnisse von Otto Normalbürger, wenig aufregend und belanglos. 1968 war er in die Firma Röder eingetreten, »arbeitete zehn Jahre lang emsigst an dem Aufbau seiner Karriere und führte ein völlig unauffälliges Privatleben« (Zitat Anklageschrift). Mit 24 Jahren, am 10. Mai 1972, heiratete der damals schlanke, hübsche und sympathische Angestellte seine erste Frau Gertraud, aus dieser Ehe stammen ein Sohn und eine Tochter.

Das »völlig unauffällige Privatleben« war aber schon damals nicht ereignislos, denn bereits nach kurzer Zeit suchte der junge Lettmüller außereheliche Tröstungen, was natürlich zur Entfremdung zwischen den Eheleuten führte. Im September 1975 verließ er Frau und Kinder und wohnte anfangs im Hotel oder nächtigte im Auto. Damals hatte schon jene Begegnung stattgefunden, die Lettmüllers Dasein in völlig neue Bahnen lenkte und ihn in letzter Konsequenz vor Gericht und hinter Gitter brachte.

1974 nämlich bekam die Buchhaltungsabteilung der Firma Röder Zuwachs in Form einer 25jährigen blonden Dame namens Irene, und Franz Lettmüller wurde ihr direkter Vorgesetzter. Irene Wolfauer, so ihr Geburtsname, hatte Haupt- und ein Jahr Handelsschule besucht und einige EDV-Kurse absolviert. Von 1964 an war sie als Maschinenbuchhalterin bei einer Firma beschäftigt, wo ihr Vater Leiter der Finanzbuchhaltung war. Nach einer Zwischenstation bei einer Steuerberatungskanzlei landete sie schließlich auf Empfehlung der Firma Philips 1974 bei Röder-Haimburger. Lettmüller hatte bald ein Auge auf seine tüchtige Mitarbeiterin geworfen, aus Interesse wurden Sympathie und Zuneigung und später seine große Liebe.

»Ein unverhofftes Abenteuer, das reizt die Frauen ungeheuer«, heißt es in der Operette, und so gab die blonde Irene nach einer turbulenten Weihnachtsfeier in der Firma dem stürmischen Werben ihres Chefs nach. In einem Auto in einer Gasse sei es gewesen, die sie später ihre »Knistergasse« genannt hätten, weil dort so eine knisternde Atmosphäre geherrscht hätte, erzählten die beiden später freimütig ihr romantisches Erlebnis. Bemerkenswert daran ist freilich nur, daß man zu dritt im Auto saß, ein Kollege war auch dabei.

Eine Liebesgeschichte vermag Frauen stets zu fesseln, und das erklärt auch das rege Interesse, das die Medien später dieser Beziehung widmen sollten. So poesievoll sie für die Beteiligten begonnen haben mag, so zeigte sich doch schon nach kurzer Zeit, daß hier Energien, Sinnlichkeit und eine Triebhaftigkeit freigesetzt wurden, die in krassem Widerspruch zum eher zarten Anfang dieser Liaison standen.

Charme und Faszination dieser Frau erschließen sich dem Außenstehenden nur sehr zögernd, für Lettmüller aber war sie »ein Naturereignis«. Fest steht, daß seine neue Geliebte, der die Anklageschrift »rohe Sinnlichkeit« bescheinigte, mit Männern hervorragend umgehen konnte und sich von keinem auf der Nase herumtanzen ließ oder sich gar unterwarf. Soweit bekannt wurde, war sie sowohl in ihrer Beziehung mit Lettmüller als auch in den zahlreichen folgenden Episoden der jeweils stärkere Teil.

Es ist möglich, daß Lettmüllers zunehmende Abhängigkeit, die sich bis zur Hörigkeit steigerte, ihren Grund in seinem instinktiven Wissen hatte, daß er diese Frau nie würde ganz beherrschen können. Er konnte sich ihrer nie völlig sicher sein. Der von ihm so sehnsüchtig angestrebte Erfolg, um seiner selbst willen das alleinige Ziel ihrer Leidenschaft zu sein, wurde ihm vorenthalten, die Bestätigung verwehrt. Wer kann beurteilen, ob das, was Lettmüller als »große Liebe« empfand, letztlich nicht nur verletzte Eitelkeit war, wenn auch für ihn mit demselben Ergebnis, Frustration und rasende Eifersucht? Hätte Irene Bogyi ihm geben können, wonach er mit all seinen Sinnen trachtete, die starke Spannung innerhalb dieser Beziehung und damit auch der von Lettmüller empfundene Zauber und »Magnetismus« wären vielleicht in sich zusammengebrochen. Hätte ihn eine Irene, die völlig ihm allein gehörte, überhaupt noch interessiert?

Moralische Maßstäbe oder ein Begriff wie Schuld werden einem Ereignis nicht gerecht, bei dem die Fügung zwei Menschen schicksalhaft aneinanderkettet und irgendwelche fernen Götter unter homerischem Gelächter zusehen, wie zwei Menschenkinder hilflos sich in ihren selbstgedrehten Fesseln winden. Zweifellos mochte Irene Bogyi ihren Franz, aber er liebte, und sie ließ sich lieben. Ihre ausgeprägte Sinnlichkeit brach sich immer wieder Bahn nach außen, was Lettmüller nach kurzen Tobsuchtsanfällen zu nur noch größeren Anstrengungen um ihre alleinige Gunst aufstachelte.

Wenn später vor Gericht gesagt wurde, Bogyi habe Lettmüller »die Haut abgezogen«, so muß man andererseits doch sehen, daß dazu schließlich jemand gehört, der sich die Haut abziehen läßt.

Ende 1975 zog Franz Lettmüller in das Elternhaus Irene Bogyis in Traiskirchen im Süden Wiens ein. Die Beziehung hatte bereits deutliche Spuren in seinen finanziellen Reserven hinterlassen. Lettmüller verwöhnte seine verschuldete Freundin mit Geschenken, mag sein, daß sie diese auch einforderte, wie der Ankläger später meinte.

Er half ihr mit Geld aus, und bald hatte er selbst einen beachtlichen Schuldenberg von 200 000 Schilling angehäuft. Im März 1976 unterschlug Lettmüller, vielleicht mit Unterstützung Bogyis, seinen ersten Scheck mit einem Betrag von 3 500 Schilling, von da an breitete sich Wohlstand aus. Mehr als zehn Jahre lang dauerte der Aderlaß zuerst bei Röder-Haimburger, dann bei der Europapier an. Die letzten Schecks im März 1987 lauteten auf Beträge von jeweils über drei Millionen Schilling, tausendmal soviel wie beim ersten.

Anfangs gingen die immer höher werdenden unterschlagenen Geldbeträge zum großen Teil für Geschenke an Irene Bogyi auf, dann begann Lettmüller die immer dicker werdenden Tausenderbündel selbst unters Volk zu streuen. Millionen investierte er in Bogyis Haus in Traiskirchen, dann kamen wachsende Zuwendungen an die Angehörigen von Irene Bogyi. Immer mehr verwandelte sich das Leben außerhalb des Arbeitsplatzes in eine Traumwelt, deren Mittelpunkt Lettmüller war und auch sein wollte.

Kaum eine Frau im Österreich der Zweiten Republik wurde so beschenkt und mit Luxus umgeben wie die Bogyi, die Schätzungen über das von ihr allein verpraßte Vermögen reichen von weit über zwanzig bis vierzig Millionen Schilling, und fast alles ging für Firlefanz drauf. Ihre Einkaufswut hielt Lettmüller laufend in Atem und fand ihre Grenze nur jeweils dort, wo kurzfristig die Tausenderbündel nicht schnell genug nachgereicht wurden.

Den Wert des von ihr gekauften Schmuckes schätzt Bogyi auf rund zehn Millionen Schilling. Wenn er ihr nicht mehr gefiel, ließ sie ihn einschmelzen oder von ihrem späteren, dritten Ehemann, dem Goldschmied Martin Bogyi, umarbeiten. So zirka zwanzig Kilo Schmuck hätte sie besessen, vermutete sie bei der Einvernahme.

Auch an Autos herrschte nie Mangel. 1983 kaufte sie ei-

nen Mercedes 190 E um 260 000 Schilling, 1986 einen
Mercedes 300 E um 475 000 Schilling – alles von Lettmüller finanziert, vollkaskoversichert und teilweise mit Autotelefon versehen. Bei Renault erstand sie 1982 einen
R 5 GTL um 142 000, 1984 einen Alpine 310 um 425 000
und 1985 einen Alpine GT um 417 000 Schilling.
Ihr Sohn Walter Winter aus ihrer ersten Ehe durfte sich
1984 einen Wagen um 149 000, 1985 um 143 000 und nach
einem Totalschaden 1986 einen Renault 25 GTS um
189 000 Schilling kaufen. Für ihre Nichte wurden 1982 und
1985 auch zwei Autos angeschafft.
Pelze gehören zur Ausstattung der gehobenen Dame, am
besten gleich eine ganze Kollektion – man könnte sonst
plebejisch wirken. Laut Lettmüller hatte er ihr 15 Pelz-
mäntel und Jacken gekauft, darunter ein Luchsmantel, ein
Zobelmantel und natürlich Nerzmäntel zu einem summierten Einkaufspreis von 2,7 Millionen Schilling. Sieben
Mäntel im Restwert von einer Million konnten noch sichergestellt werden. Als einmal auf dem Rennplatz ihr
Rotfuchshengst »Frechdachs« aus ihrem Stall »Oslo« seinem Namen Ehre machte und gemütlich den Ärmel ihres
Luchsmantels abfraß, zuckte sie nur die Schultern. »Dann
krieg ich halt einen neuen!«
Betrat die leicht füllige Blondine eine Boutique oder ein
Modegeschäft, so war das wie Weihnachten und Ostern
zugleich. Boutiquen in Baden und Wien plünderte sie regelrecht aus. Im Nobelhaus Popp & Kretschmer in der
Wiener Kärntner Straße kaufte sie Jahr für Jahr für rund
eine Million Schilling ein, insgesamt ließ sie fünf Millionen Schilling in dem exquisiten Geschäft. Verkäuferinnen
konnten sich erinnern, daß sie das Geld stets bündelweise
in ihren erlesenen Handtaschen trug. Diese Erinnerung
war nicht besonders überraschend, denn die Bogyi legte
großen Wert darauf, daß jeder auch richtig mitbekam, wie
reich sie sei und »gefiel sich in protzerischer Selbstdarstel-

lung«. Als sie bei Popp & Kretschmer einmal gefragt wurde, was ihr Mann beruflich mache, verrutschte die Maske des Luxusweibchens allerdings ein wenig und glitt in platte Hochstapelei ab: »Über Geld spricht man nicht, das hat man.«

Die Geldbündel im Täschchen schmeichelten sicherlich dem Selbstgefühl und verliehen wohl auch Selbstsicherheit, nötig waren sie gar nicht. Im Verlaufe ihres immer mehr ausufernden Verschwendungsexzesses stellte sie gar keine Wünsche mehr an ihren Liebhaber und Financier Franz Lettmüller. Sie kaufte bei Popp & Kretschmer wie auch in anderen Geschäften, was ihr so gefiel – und das war viel –, und ließ die Sachen später von Lettmüller bezahlen. Der schickte entweder einen Boten mit Bargeld oder kam selbst ins Geschäft, und manchmal hatte er der Bequemlichkeit halber gleich einen Blankoscheck im jeweiligen Geschäft deponiert...

Irene Bogyi legte auch Wert auf Kosmetika, die ihren Typ unterstreichen und ihr zu einem möglichst vorteilhaften Äußeren verhelfen sollten, und ließ sich das eine Million Schilling kosten.

Der unbedarfte Beobachter dieses schillernden Schauspiels mag sich fragen, wie man denn als einzelne Frau so viele Kleider und Accessoires, wie sie die Bogyi besaß, überhaupt tragen kann? Man kann, wenn man so wie sie jedes Stück nur einmal trägt und dann wegwirft oder verschenkt.

Natürlich füllte Lettmüller seiner Irene die Konten entsprechend auf, wenn diese infolge der erfolgreichen Einkaufsschlachten auf einem bedenklichen Tiefstand waren. Wieviel sie insgesamt an Bargeld bekam, weiß heute kein Mensch mehr. Walter John, Mitglied des Lettmüller-Clans und zuständig für die Verteilung der ergaunerten Gelder nach Lettmüllers Anweisungen, erinnert sich nur noch, daß die Bogyi »unheimlich gierig auf Geld war«.

Lettmüller schätzte, er habe Irene Bogyi monatlich im Durchschnitt eine halbe Million in bar zukommen lassen, zuletzt sogar jeden Monat eine Million Schilling.
Feststellen ließen sich nur noch nachträglich die Bewegungen auf diversen Konten, über die das Einkaufswunder Bogyi zusätzlich verfügte. Von einem Länderbank-Konto behob sie mittels Bankomatkarte zwischen Mai 1982 und Dezember 1986 621 000 Schilling, zu Lasten des Lettmüller-Kontos bei der Ersten österreichischen Spar-Casse bediente sie sich zwischen 1975 und 1985 mit insgesamt 540 000 Schilling. Ein Konto bei der Zentralsparkasse, das Lettmüller ihr einrichtete und auch laufend dotierte, versorgte sie zwischen September 1985 und März 1987 mit fast 1,5 Millionen Schilling.
Essen und Trinken halten Leib und Seele zusammen, und je erlesener die Gerichte, desto besser wohl auch der Zusammenhalt. Die erschöpfenden und zermürbenden Anstrengungen der ausgedehnten und regelmäßigen Einkaufstouren ließen es wohl nicht zu, jedenfalls kochte die Irene für ihren Franzi kaum jemals. Man ließ sich von den besten Gastronomen in Wien und Umgebung verwöhnen. Die gewöhnlichsten Zechen betrugen von 12 000 Schilling aufwärts.
Reisen bildet und unterbricht den eintönigen Alltagstrott, vorausgesetzt man hat ein bißchen Taschengeld mit für ein wenig Unterhaltung. Die Wirtschaftspolizei listete ein Reisetagebuch des Pärchens Franzi und Irene auf, die »Neue Kronen Zeitung« berichtete am 15. Dezember 1988 darüber.

O 31. 7. 1984: Learjet-Reise nach Paris. Reisezweck: Shopping. Die Ausgaben: 1 194 000 und 134.623 Schilling.

O 30. 10. 1984: Learjet-Reise nach Paris. Reisezweck: Pferderennen. 925 000 Schilling.

O 20. 12. 1984: Learjet-Reise zur Silvesterfeier in Paris. 1 502 958 Schilling.

○ 24. 7. 1985: Learjet-Reise nach Borlange – Helsinki – Wien. Reisezweck: ein Trabfahrer-Vergleichskampf. 1 175 076 Schilling.
○ 12. 8. 1985: Learjet-Reise nach Nizza, per Hubschrauber nach Monte Carlo. Reisezweck: Urlaub. 2 217 927 Schilling.
○ 13. 9. 1985: Flugreise nach Rom. Reisezweck: Shopping. 3 360 715 Schilling.
○ 19. 9. 1985: Flugreise nach Hamburg. Reisezweck: Jährlingsauktion im Gestüt Lasbek. Einkauf von »Just Noble« und zwei weiteren Pferden. 2 354 748 Schilling.
○ 10. 3. 1986: Flugreise nach Rom. Reisezweck: Shopping. 2 215 600 Schilling.
○ 7. 5. 1986: Flugreise nach Mallorca. Reisezweck: Urlaub. 2 235 150 Schilling.
○ 9. 7. 1986: Flugreise nach Saloniki. Reisezweck: Urlaub. 2 658 000 Schilling.
○ 25. 7. 1986: Learjet-Reise nach Berlin. Reisezweck: Deutsches Traberderby. 2 250 000 Schilling.
○ 5. 9. 1986: Learjet-Reise nach Paris. Reisezweck: Kurzurlaub mit Shopping. 2 269 500 Schilling.
○ 4. 11. 1986: Flugreise 1. Klasse und ein Learjet-Flug nach Marbella. Reisezweck: Aufenthalt und Behandlung auf einer Schönheitsfarm, Shopping. 2 286 000 und 2 270 000 Schilling.

Beim Shopping in Rom war die Bogyi einmal derart mit Klunkern behängt, daß sich die Verkäuferinnen schützend vor die Auslage stellten, damit nicht irgendein Straßenräuber auf den Gedanken käme, die reiche Dame zu erleichtern.

Der normalverdienende Leser ist eingeladen, in Gedanken zu versuchen, auf einer Wochenendreise zu zweit mehr als zwei Millionen Schilling auszugeben. Es ist gar nicht so leicht und bedarf wie die meisten Spitzenleistungen offenbar der Übung und des Aufbautrainings.

In dem überreizten, übersteigerten Klima der Maßlosigkeit und Verschwendung ist die Suche nach neuen Sensationen und Reizen schon mühsam. Ein Weg ist, andere an den Segnungen teilhaben zu lassen, die man selbst genießt, so nach dem Motto »Geld macht erst dann richtig Spaß, wenn die anderen wenig oder keins haben und dann danke schön sagen müssen«. So kamen auch andere in den Genuß von Irene Bogyis Gastfreundschaft, Freundinnen oder ihre Schwester. Franz Lettmüller hatte ja auch nicht immer Zeit, ging er doch immer noch seinem Beruf nach.

Die exzessive Sucht nach Abwechslung blieb nicht auf Äußerlichkeiten beschränkt und erfaßte auch privatere Lebensbereiche. Im Tennisclub in Perchtoldsdorf, wo Bogyi Trainerstunden nahm, ist sie heute noch Legende. Man riß sich darum, mit ihr den Ball zu wechseln, und sie revanchierte sich mit Gunst, Geld und Gold. In der Krieau und auf dem Badener Trabrennplatz kursieren derbe Witze, in denen sie die Hauptperson ist. Und für alles, alles zahlte der verliebte Franz Lettmüller!

Für den stetig steigenden Wohlstand war das Elternhaus Irene Bogyis in Traiskirchen bald zu eng. Das Paar übersiedelte standesgemäß in eine eigene Villa in Perchtoldsdorf. Jahre später lernte sie dort den im Ort ansässigen biederen Dachdeckermeister Johann Breitler kennen, den sie im Dezember 1981 heiratete. Die Ehe zerbrach aber schon Ende 1983.

Für Lettmüller war die zweite Eheschließung seiner Freundin kein Grund, die finanziellen Zuwendungen einzustellen, sie wurden nicht einmal unterbrochen. Schon 1977 hatte ihm Irene Bogyi – damals war sie schon geborene Wolfauer, geschiedene Winter – einen Sohn geschenkt.

Lettmüllers Freude über diesen Sohn war so groß wie sein Geschenk großzügig – ein Renault Alpine-Sportwagen.

Der Bub war Lettmüllers drittes Kind. Natürlich brach die Beziehung zu Lettmüller auch während ihrer zweiten Ehe nicht ab und hielt auch noch an, als sie 1985 ihren derzeitigen Ehemann kennenlernte, den Goldschmied Martin Bogyi. Das glückliche Paar heiratete am Tag der Verhaftung Lettmüllers und fuhr in die Flitterwochen nach Griechenland.

Berufliche Probleme ergaben sich für Irene Bogyi in all den Jahren seit der Übernahme der Röder-Haimburger, wo sie beschäftigt gewesen war, durch die Europapier nicht mehr. Während Lettmüller zur Europapier wechselte, gab sie nach der Geburt des gemeinsamen Kindes ihre berufliche Tätigkeit ganz auf, blieb zu Hause, ließ sich seither von Lettmüller aushalten und badete in Luxus.

Nun war aber auch Lettmüller in seinen Beziehungen zum anderen Geschlecht alles andere als ein Waisenknabe, Liebe zur Bogyi hin, Verlangen nach ihr her. Vor Gericht wurde versucht, die »Dynamik seiner wechselnden Beziehungen« zu anderen Frauen aus seinem Frust wegen der Bogyi zu erklären. Natürlich schenkte ihm auch Irene Bogyi ihre Zuneigung, aber im Sinn des Wortes in genau berechneter Dosierung. Immer wieder schwärmte Lettmüller später davon, wie liebevoll, wie zärtlich seine Irene zu ihm gewesen war, wenn er ihr eine größere Anschaffung finanziert hatte. Und wie lieb sie bitten konnte, wenn sie von ihm etwas wollte.

Eine dieser Phasen von neuem entfachter Zuneigung zu Franz Lettmüller erfaßte seine anspruchsvolle Freundin, als er im Jahr 1979 seinem Chef, Herbert Schmidt, seine Betrügereien beichten wollte. Lettmüller beriet sich mit seinem Schatz, der offenbar die richtigen Argumente fand, ihm diesen Unsinn wieder auszureden.

Für seine Irene war dem Franz nichts zu teuer. Sie hatte, was er brauchte, und umgekehrt. Auf zärtliches Drängen ihrerseits machte der Franz wieder einmal eine Million locker für eine Schönheitsoperation »à la Tina Onassis« auf Marbella. Irene Bogyi hatte schon immer unter ihren abstehenden Ohren gelitten, ihm dürften sie gar nicht aufgefallen sein.

So wie in der Wahl seiner Freunde, so war Lettmüller auch nicht bei jeder seiner Frauen sonderlich wählerisch, und Triebverzicht war nun gar nicht seine Sache. Motiviert einerseits durch den etwas nervenstrapazierenden Umgang mit seiner Freundin Irene, andererseits aber auch, weil er nun schon die Auswirkungen der dauernden Angst vor Entdeckung seiner Unterschlagungen spürte, fand er die passende Droge, die ihn von seinen Problemen ablenkte: die Wiener Halbwelt und das Nachtleben. Unsummen gingen für Orgien mit Prostituierten auf. Wie stets, genoß er reichlich vom Feinsten und Teuersten, wenn auch nicht immer vom Geschmackvollsten. Im Zuge seiner nächtlichen Unternehmungen, von denen gezeichnet er dann morgens in sein Büro fuhr, machte er in einem Nachtklub die Bekanntschaft einer Tänzerin. Margarete Orgler, so hieß das Mädchen, verfügte wohl über die Verführungskünste der biblischen Jezabel. Jedenfalls verhalfen ihr ihre Fähigkeiten zu einem ungeahnten Anstieg ihrer Einnahmen. Die zwanzig Millionen Schilling, die Lettmüller im Laufe weniger Jahre bei ihr ließ, reihen sie als bestverdienende Stripteasetänzerin in die Liste der Rekorde, die sich unter Lettmüllers Aktionen so reichlich finden.

Lettmüller quartierte seine neue Errungenschaft in der Krainerhütte ein, einem noblen Luxushotel im Helenental, wo auch schon ausländische Potentaten ihre Aufwartung gemacht haben. Dort also passend untergebracht, harrte sie täglich des Besuches ihres spendablen Gönners, um ihn seinen Wünschen gemäß zu erfreuen.

Diese Love-Story fand insofern ein unpassendes Ende, als sich die Margarete O. vor Gericht wird verantworten müssen. Dies verdankt sie übrigens einer Rivalin, die Lettmüllers neuen Umgang zutiefst mißbilligte, wenn auch nicht gerade aus moralischen Erwägungen. Irene Bogyi war nicht sehr davon angetan, daß ihr Franz sein sauer unterschlagenes Geld nun millionenweise einer anderen zu Füßen legte, hatte aber keine Möglichkeit, ihn nachdrücklich zu beeinflussen. Schließlich lebte sie ja auch von ihm. Ihre Rache ward ihr, als sie nach der Verhaftung Lettmüllers von der Kriminalpolizei einvernommen wurde: da packte sie über Margareten aus. Zuvor hatten die Ermittler noch keine Ahnung von der Existenz der Tänzerin mit den extravaganten Fähigkeiten gehabt.

Die großzügige Toleranz, mit der Lettmüller die neuerliche Verehelichung seiner Freundin Irene mit dem biederen Dachdeckermeister Breitler überging und sie weiterhin mit seinen Millionen überhäufte, findet ihre Erklärung nur zum Teil in der Tatsache, daß die Beziehung ja trotzdem in jeder Hinsicht intakt blieb. Viel wichtiger zum Verständnis seiner Art zu denken ist, daß Lettmüller selbst auf Freiersfüßen wandelte. Fünf Monate, nachdem Irene – nunmehr Breitler – wieder einmal den Bund fürs Leben geschlossen hatte, führte Lettmüller seinerseits zum zweitenmal eine frisch Angetraute heim. Die neue Frau Christine Lettmüller war eine geborene Kures, die Eltern, obzwar Bauunternehmer, wohnten in nicht sehr glänzenden Verhältnissen in einer Gemeindewohnung im zweiten Wiener Gemeindebezirk.

Die junge Dame war Lettmüller auf dem Trabrennplatz begegnet und dort aufgefallen: Sie war im Frühjahr 1982 die regierende Staatsmeisterin im Amateurtrabfahren. Lettmüller unterstützte seine neue Ehehälfte in bewährter Manier und half ihr beim Aufbau des Gestüts »Express« im burgenländischen Punitz an der steirischen Grenze.

Die neue Familie Lettmüller hat mittlerweile drei Kinder, und Franz Lettmüller ist somit sechsfacher Vater.

———

Es ergab sich aus den beiden Hochzeiten von Irene Bogyi-Breitler und Franz Lettmüller der nicht alltägliche Umstand, daß beide zwar frisch verheiratet waren, natürlich nicht miteinander, sich aber am Verhältnis der beiden nicht das geringste änderte. Verglichen mit dem Vermögen, das Lettmüller seiner Irene opferte, stieg seine Frau Christine aber eher bescheiden aus. Insgesamt soll sie neun Millionen Schilling erhalten haben. Aus heutiger Sicht kann das rechtlich für sie nur von Vorteil sein.

Nach diesem Blick in das bewegte Privatleben eines Groß-betrügers und auf die Frauen in seiner nächsten Umgebung kann sich das Interesse des geneigten Lesers auf einen anderen Sektor von Lettmüllers goldenen Jahren richten; auf den Freundeskreis, was weitere Einsichten über den Menschen Lettmüller bringen wird, aber auch zusätzliche Aufklärung über den Verbleib der Millionenbeute verspricht.

Die Freunde

Wer zu Lettmüllers engerem Freundeskreis gehörte, der hatte ausgesorgt. Lettmüller kümmerte sich nicht nur um den Unterhalt seiner Kumpane, er fühlte sich auch für deren Unterhaltung zuständig. Rauschende, orgiastische Feste, Luxusreisen im nach feinem Leder duftenden Learjet, Schlemmereien und Freßorgien in den teuersten und exquisitesten Restaurants waren an der Tagesordnung. Der Luxus, der sich da auf Kosten der Europapier über Lettmüllers merkwürdige Gefolgschaft ergoß, spottet jeder Beschreibung. Aber so wie bei seinen Frauen gaben auch bei den Freunden Lettmüllers verdeckte Wünsche und Sehnsüchte den immer rascher werdenden Takt seiner Exzesse an.

Beklagenswert durchschnittliche Charaktere hatten sich

an dem geldstrotzenden Mäzen festgesaugt, die mit dem feinen Instinkt ausgestattet waren, der manchen Menschen für die Schwächen der anderen gegeben ist. Lettmüller wollte die Bewunderung und den Applaus, er suchte Anerkennung, und er war bereit, dafür Unsummen zu zahlen. Seine Umgebung durchschaute dieses Spiel und drehte den Spieß um: Man knöpfte ihm Geld unter allen möglichen Vorwänden ab, dafür gab es hinter seinem breiten Rücken dann abfällige Bemerkungen und Verachtung. In seiner schwankenden Traumwelt wollte Lettmüller ein toller Hecht sein, einer, zu dem seine unwürdigen Kumpane aufschauen sollten. Was er bekam für sein verteiltes Vermögen war etwa der unfreundliche Spitzname »blader Franz« (umgangssprachlich für gebläht, dick), der an ihm bis heute hängenblieb.

Sagte ihm jemand »Franz, du bist ein klasser Bursch!«, konnte es geschehen, daß der beleibte Millionär gerührt seine dicke, goldene Rolex abstreifte und dem »Freund« schenkte. Auch ein paar Tausender konnte man auf diese Weise leicht beim dicken Franz abräumen, und mancher war sich dafür nicht zu schade.

Selten ist primitivste Speichelleckerei so reichlich belohnt worden. Es ist eines der Rätsel, die Franz Lettmüller umgeben, wie dieser hochbegabte Menschenbehandler selbst auf die dümmsten Schmeicheleien hereinfallen konnte. Denn daß Lettmüller die Kunst der Beeinflussung von Menschen virtuos beherrschte, wurde spätestens bei seinem Prozeß klar, wo er, intelligent, redegewandt und witzig, bald die Sympathien von Ankläger und Richter für sich gewonnen hatte. »Letti« wurde er beinahe fürsorglich vom Richter angeredet, der Staatsanwalt nannte ihn nach der Erörterung der Ausgabenflut auch nicht unfreundlich »Bankomat«.

Selbst die hartgesottenen Beamten der Kriminalpolizei wußte das Schlitzohr Lettmüller elegant zu nehmen:

»Was, Herr Kommissar, so wenig verdienen Sie netto? Das ist ja unglaublich, bei Ihrer Qualifikation müßten Sie mindestens das Doppelte haben!« Das ging hinunter wie Öl.

»Herr Lettmüller, darfs vielleicht noch eine Tasse Kaffee sein?« Kein Zweifel, Lettmüller wäre auch als Verkäufer ein As geworden.

Wie die Wirtschaftspolizei ermittelte, gelang es einem der nahen Freunde Lettmüllers, Heinz Medwed, aus dem »Franzi« ein Darlehen von insgesamt 25 Millionen Schilling herauszuleiern. Medwed war in Forchtenau der Nachbar Lettmüllers gewesen, und dieser hatte ihm dort eine Liegenschaft abgekauft. Als Lettmüller einmal an seinem nagelneuen Mercedes eine Delle ärgerte, drückte er den Schlüssel einem Gefolgsmann in die Hand. »Der gehört dir!«

Ging es ans Reisen, so ließ sich Lettmüller auch nicht lumpen. Bei einer Paris-Visite des ganzen Clans durfte sich jeder ein Luxusauto mieten. Der Franz selbst fuhr im Rolls Royce vor, seine Gefolgschaft amüsierte sich in Ferraris und ähnlich prestigeträchtigen Automobilen. Oft waren auch Reisen nach Deutschland, Schweden und sogar nach Florida angesagt, um Pferde zu kaufen. Und hatte der Franz keine Zeit, weil er ja in seinem Büro nach dem Rechten – und Linken – sehen mußte, fuhr der Clan gutgelaunt ohne ihn, aber auf seine Kosten auch einmal nach Miami, wo man den »dummen Dicken« hochleben ließ.

Am schönsten ist es unter der südlichen Sonne Floridas dann, wenn in heimischen Breiten die unfreundliche, kalte Jahreszeit einsetzt. Einer von Lettmüllers Trabertrainern und engsten Freunden bedurfte dringend der Erholung von der Rennbahn und mehr noch von den anstrengenden Freizeitprogrammen des Clans. Er überwinterte in Miami. Lettmüller zahlte.

Wovon manche Familie ein ganzes Jahr lang leben muß,

das konnten Lettmüller und Begleitung an einem Abend verfuttern. Ein netter Abend im Perchtoldsdorfer Spitzenrestaurant »La Tour« in kleinem Kreis genügte durchaus auch gehobenen Ansprüchen. Speisen für sechs Personen und drei Fläschchen von Lettmüller selbst ausgesuchten Weins schlugen mit 91 000 Schilling zu Buche – »Da hat mich der Schlag getroffen«, so Lettmüller. Wen wohl nicht?

Die Feste Lettmüllers haben es zu zweifelhaftem Ruhm gebracht. »Er gab Feste, wie man sie römischer nicht mehr feiern kann«, ließ der Staatsanwalt eine begierig an seinen Lippen hängende Zuhörerschaft im Gerichtssaal wissen. Und wenn man »römisch« steigern kann, Lettmüller hat es geschafft. Für seine Bacchanalien wurden Prostituierte herangeschafft, für Speis' und den mehr als reichlichen Bedarf an Trank in der geforderten Qualität war am Schauplatz, der Krainerhütte, ohnehin gesorgt. Den Ausschweifungen waren nur noch physische Grenzen gesetzt.

In scharfem Widerspruch zu den geschmacklichen Verirrungen steht die von Lettmüller vorgegebene Leidenschaft für die Oper. Aber vielleicht war dieses kulturelle Interesse nur Schein, und es langte nur zu kultürlicher Beflissenheit. Auch hier wurde von Lettmüller groß inszeniert und das kulturelle Ereignis in einen weiteren Akt der Selbstdarstellung umgewertet.

All diese laufenden immensen Ausgaben erforderten natürlich stetigen Nachschub an Geld in Millionenpaketen. Die Forderungen seiner Umgebung wurden immer unmäßiger, und Pause gab es für Lettmüller keine mehr. Kaum lehnte er sich zurück, spürte er schon den hechelnden Atem der geldgierigen Meute im Genick.

»Wir haben einen Parasiten-Clan um uns aufgezogen, und der war sehr gefräßig«, beklagte der gepeinigte Defraudant sein Los. Der »Bankomat« hatte klaglos zu funktionieren.

Lange nach seiner Verhaftung und sichtlich geläutert erzählte der Exmillionär in einem Interview dem »profil«: »Jetzt kommt die große Demaskierung am Maskenball Lettmüller«, nun werde er sehen, wer wirklich als Freund zu ihm stehe. Der eine oder andere könnte bei der Demaskierung verhindert sein, wenn er nämlich selbst vor Gericht stehen muß.

Die Pferde

Eine zusätzliche Facette Lettmüllerschen Seelenlebens gewinnt man durch die Betrachtung seiner Leidenschaft für Pferde. War er als Buchhalter phänomenal, als Pferdekenner war er kaum weniger gut. Wenn man seinen Aussagen Glauben schenken darf, so sprang der Zündfunke für dieses Hobby aus den Spannungen in der Beziehung mit Irene Bogyi. Er suchte für seinen Frust ein Ventil, und wie es seinem Wesen gemäß war, er kleckerte nicht, er klotzte. Sagenhafte vierzig Millionen Schilling ließ er für seine Traber springen, und zuletzt kosteten ihn allein die Unterhaltskosten für seine mehr als fünfzig Pferde eine halbe Million Schilling im Monat. Leute, die ihn beobachtet haben, hatten den Eindruck, daß ihn zuletzt nur noch seine Pferde wirklich interessierten, nachdem er sich von Frauen und Freunden mißverstanden und ausgenützt fühlte und sich angewidert zurückzog.

Es ist sicher, daß er seine Pferde wirklich liebte, die Aura des Trabrennsports nahm ihn völlig gefangen. Das sinnliche Erlebnis der schlanken, schnellen Tiere, der starke Geruch der Pferde, der Reiz, der das edle Geblüt begleitet, hinterließen auf Lettmüller einen nachhaltigen Eindruck. Man erinnert sich noch in der Krieau, wie er seinen Tieren Möhren mitbrachte und wie er sich über die Zuneigung der Pferde freute.

Der große Hasardeur aus der Europapier schloß übrigens nie Wetten auf Pferderennen ab. Er hatte ja ein anderes, erregenderes Spiel im Gange, um alles oder nichts.

Aber gerade dort, woran sein Herz hing, dort wollte er auch den für alle sichtbaren persönlichen Erfolg erringen. Und er scheiterte wiederum. Was nützten die verschwenderischen Einladungen? Jene Kommerzialräte, die im Trabverein das Sagen hatten, nahmen ihn nie für voll. Das Hotel Krainerhütte konnte wieder zusätzliche Umsätze verbuchen, die Position eines Vorstandes des Badener Trabrennvereins aber blieb Lettmüller versagt.

Es mag die bitterste Strafe für Lettmüller gewesen sein, daß sein Lieblingspferd »Lucky Joe« 1987 das Österreichische Traberderby gewann. Da saß Lettmüller schon im Untersuchungsgefängnis, und das Pferd gehörte anderen. Lettmüller als der Mann, der dieses Pferd als möglichen Sieger gekauft hatte, durfte hinter Gittern den grandiosen Erfolg seines einmal ihm gehörenden Pferdes im Fernsehen mitverfolgen, und er weinte nachher vor Freude wie ein Kind. Dem neuen Besitzer erlief »Lucky Joe« eine Siegesprämie von 500 000 Schilling.

Natürlich ließ er auch auf den Trabrennplätzen den Schilling rollen und bezahlte seine Trainer fürstlich. Mit dem Erfolg, daß eine seiner Frauen ihn mit Trainern und Stallburschen ungeniert betrog und einer der Trainer beim Kauf eines Pferdes ihn um 150 000 Schilling übers Ohr haute. Als Lettmüller davon Wind bekam, ließ er diesen Mann nie wieder an eines seiner Tiere.

Lettmüller war nicht so dumm, um nicht die hämischen Bemerkungen hinter seinem Rücken zu hören. Hatte er früher gern bei der Überreichung eines Siegespokals für ein Foto posiert, so zog er sich nun vom Geschehen auf den Rennplätzen zurück und verfolgte die Ereignisse aus dem Hintergrund.

Sein erstes Trabrennpferd kaufte Lettmüller erst 1977, und

damit verbanden sich erstaunliche Folgekosten. Gingen schon die direkten Ausgaben für Kaufpreis und Erhaltung der Vierbeiner tief ins Geld, so ergaben sich durch unerwartete Umstände und die Verschwendungssucht Lettmüllers in Summe Zusatzkosten in Millionenhöhe. Wenn er zum Pferdekauf ins Ausland flog – er war einer der wenigen in Österreich, die schwedische Pferde kauften –, ging das natürlich im gemieteten Learjet vonstatten. Der stand dann ein Wochenende lang mitsamt der Besatzung, die jederzeit verfügbar sein mußte, in einem Winkel irgendeines Flughafens. Und so wie beim Taxameter im Taxi der Zähler läuft, so lief er auch im Düsenjet, nur nicht in Schilling-Einheiten, sondern gleich in Zehntausendern.

Da Lettmüller meist nur am Wochenende Gelegenheit hatte, ohne Urlaub zu nehmen zu verreisen, schickte er Einkäufer aus seinem Freundeskreis, wie Walter John oder Werner Zahradnik aus Baden, auf Einkaufstour. Lettmüller selbst legte manchmal an einem Wochenende per Learjet viertausend Kilometer zurück und war am Montag wieder pünktlich in der Europapier, wo man weder wußte, was er getrieben, noch, daß man dafür die Zeche zu zahlen hatte.

Als Lettmüller einmal ein schwedisches Traberteam mitsamt Familien einlud, gab es natürlich, wie üblich, in der Krainerhütte eine ausgelassene Fete. Die Rechnung von 500 000 Schilling beglich Lettmüller mit der linken Hand. Die achtzig Gäste schwelgten in Bewunderung, sponserte Lettmüller in selbstloser Weise doch die gesamte Veranstaltung der Schweden-Vergleichskämpfe.

Bei den Schweden hieß es, Lettmüller sei einer der reichsten Österreicher. In Österreich dagegen ging die Mär, Lettmüller habe ein Vermögen in Schweden angelegt.

Offenbar kam es sowohl Lettmüllers als auch Irene Bogyis Gerechtigkeitssinn entgegen, daß Ausgaben für ein so ein-

seitiges Vergnügen, wie es der Pferderennsport für Lettmüller war, durch Geschenke ausgeglichen werden müßten. Jedenfalls erhielt Irene Bogyi, laut Lettmüller auf deren nachdrücklichen Wunsch, für jedes gekaufte Pferd ein
»Versöhnungsgeschenk«, einen Pelz oder Schmuck. Für
einen Traber, der in den USA erworben wurde, war eine
Kette mit Smaragden und Rubinen fällig.

Dieses System der Ausgleichsgeschenke funktionierte
aber auch in einem anderen Bereich. Wann immer die Bogyi etwas bekam, mußte verständlicherweise auch Lettmüllers Frau Christine bedacht werden, wenn auch, wiederum weniger verständlich, nicht so großzügig. Lettmüller achtete auf Angemessenheit der Zuwendungen in seiner Großfamilie.

Die Zeit der großen Stallbesitzer ist in Österreich längst
vorbei. Wenn heute jemand sagt, er »habe Traber«, dann
sind das meistens zwei oder drei. Lettmüller war mit seinem Stall »Bajazzo«, seiner Beteiligung am Stall »Butterfly« und seiner »Inter Horse AG« ein Traberkönig von
europäischem Format, und das nicht nur, was die Zahl seiner Pferde anlangt, sondern auch deren ausgesuchte Qualität. Schade, daß er das Geld dafür gestohlen hatte.

Das Ende des Verschwenders

Schon lange vor seinem tatsächlichen Auffliegen war Lettmüller klar, daß seine Zeit ablief. Immer rascher drehte
sich die Unterschlagungsspirale, immer irrwitziger wurden die Beträge. Und im gleichen Maß, wie die gestohlenen Summen sich zu Unsummen potenzierten, wuchs die
Wahrscheinlichkeit, daß sein nun schon bis zum Zerrei-
ßen gespanntes Verschleierungsnetz über den Manipulationen in Fetzen gehen würde und alles auf einen Schlag
ans Tageslicht kam.

Aber noch war es nicht soweit. Die nervliche Anspannung der vergangenen Jahre forderte ihren Tribut, immer höher mußte die Dosis des Betäubungsmittels werden, das allein ihm noch ein wenig Erleichterung verschaffte – maßlose Prasserei. Jeden Arbeitstag mußte er pünktlich am Morgen im Büro sitzen, damit nur ja nicht einmal ein per Post einlangender Kontoauszug in falsche Hände geriet. Der ungeheure Druck, der auf ihm lastete, trieb ihn in eine regelrechte Freßsucht. Der einst schlanke Mann mästete sich, in Gourmettempeln wie den »Drei Husaren« fanden seine überreizten Nerven Linderung, er aß sich die Speisekarten rauf und runter. Wieviel er zuletzt tatsächlich wog, weiß man nicht. Bei seiner Einlieferung ins Gefängnis zeigte die Waage 140 Kilo, und weiter reichte die Skala nicht.

Mochten seine Freunde sorglos mit seinen Millionen in den Tag hinein leben, er konnte das nicht, er wußte ja, wo der Geldsegen herkam. Latente Angst vor Entdeckung umwölkte Lettmüllers Glück, das Außenstehenden so beneidenswert und ungetrübt schien. Seine Genüsse hatten stets einen bitteren Beigeschmack. Die schönsten Luxusautos mit Preisen weit jenseits der Millionengrenze wurden nach seiner Verhaftung gefunden, mit wenigen Kilometern auf dem Kilometerzähler. »Ich konnte ja nicht damit fahren, es hätte mich jemand aus der Firma sehen können«, seufzte Lettmüller später.

In Schäffern oder in Punitz kreuzte er auf wie ein Baron, er war das Gesprächsthema der umliegenden Wirtshäuser. Als Trinkgelder gab es Scheine von den dicken Tausenderbündeln, die ihm aus den Taschen quollen.

Sein Haus in Schäffern in der Steiermark gibt weiteren Aufschluß. Von außen gesehen scheint es nicht das, was man sich unter dem Anwesen eines Multimillionärs vorstellt. Ein besserer Bungalow, gesichert durch eine Alarmanlage. Innen freilich wurde nicht gespart, Schwimmhalle, offener Kamin und alles, was die Unterhaltungselektronik zu bieten hat. Aber dies war kein Haus, wo man Erholung und Entspannung suchen konnte. Dies war ein Haus, um sich abzulenken und der Realität zu entfliehen. In jedem Zimmer gab es einen Fernsehapparat, und zu jedem Fernsehgerät gehörten zwei Videorecorder, selbst im Kinderzimmer! Hier brauchte einer die Gewißheit, jederzeit und überall per Videofilm die Wirklichkeit vergessen zu können – Leben aus zweiter Hand vom Bildschirm. Bücher gab es kaum welche.

All seine Millionen konnten Lettmüller nicht zu sozialem Aufstieg oder Prestige verhelfen, aber damit hätte er sich ohnehin kaum wohl gefühlt. Mit einem früheren Freund habe Lettmüller, so gab einer seiner Gefolgsleute bei der Einvernahme zu Protokoll, eine Jagd gepachtet gehabt. Es war die Jagd des früheren Verteidigungsministers Karl Freiherr von Lütgendorf, der unter bis heute nicht ganz geklärten Umständen in diesem Wald aus dem Leben schied. Tatsache ist, daß die Witwe des verstorbenen Ministers Lettmüller auf dem Flughafen dem damaligen Finanzminister Salcher vorstellen wollte. Lettmüller drückte sich behende, »das wäre mir doch sehr peinlich gewesen«. Seiner Umwelt hatte Lettmüller seit 1980 etwas von einer Riesenerbschaft vorgegaukelt, um seinen immensen Reichtum zu erklären. In der Krieau munkelte man von hundert Millionen Schilling, die er in Schweden angelegt habe.

Von dieser Gaukelei hat nur die Jahreszahl, 1980, reale Bedeutung. Am 26. Juni dieses Jahres verstarb Lettmüllers Vater, Franz Lettmüller senior. Er hinterließ knapp 1,9 Millionen Schilling, von denen der Sohn Lettmüller ein Drittel, etwas mehr als 600 000 Schilling, bekam. Was der genügsame Senior sich in seinem ganzen Leben vom Munde absparen konnte, brachte der Junior mühelos an einem Wochenende durch.

Der Umfang dieser Erbschaft, für durchschnittliche Arbeitnehmer ein beträchtliches Vermögen, war für Franz Lettmüller ein Klacks, den er mit freiem Auge gar nicht sah. Was er geerbt hatte, konnte gerade die monatlichen Kosten für seine Pferde decken!

Und die machten nur einen Bruchteil seiner gesamten monatlichen Ausgaben und Schenkungen aus. Lettmüller im Originalton: »Es war am Ende ein ungeheurer Finanzbedarf, um diesen ganzen Hofstaat aufrechtzuerhalten. Es war ein regelrechter Unterschlagungsstreß.«

Im Dezember 1986, drei Monate vor seinem Untergang, wußte Lettmüller, daß er ausgespielt hatte. Der Generaldirektor der Neusiedler Papierfabrik, Manfred Leeb, hatte einen Wink bekommen, welch aufwendigen Lebenswandel der Buchhaltungschef und Europapier-Prokurist Franz Lettmüller führe. Jemand hatte beobachtet, wie Lettmüller für diverse Festivitäten 50 000 Schilling und mehr auf den Tisch geblättert hatte. Leeb informierte den Europapier-Geschäftsführer Jochen Seydewitz, der seinerseits erstmals in der Geschichte der Firma an sämtliche Bankinstitute, die mit der Europapier in Geschäftskontakt standen, ein Rundschreiben aussandte. Darin wurden die Banken um Mitteilung ersucht über die Salden der Konten und weitere Unterlagen angefordert. Lettmüller war einer der beiden, die ihre Unterschrift unter einen Prüfauftrag an die Wirtschaftsprüfer der Europapier, die Auxilia, setzen mußten. Es handelte sich um eine Sonderprüfung, und damit wußte Lettmüller, daß ihm die Stunde schlug.

Von da an zog sich die Schlinge um Lettmüller gnadenlos und unaufhaltsam enger. Die Unregelmäßigkeiten bei den Umsatzsteuervoranmeldungen für 1986 alarmierten das Finanzamt. Außerdem fehlten noch immer die Umsatzsteuerjahreserklärungen für die Jahre 1983 und 1984. Daraufhin wurde im Februar 1987 ein Finanzstrafverfahren gegen Lettmüller eingeleitet. Er konnte noch mit Ausreden bis 10. März Zeit gewinnen, trat dann aber seinen Dienst nicht mehr an. Als die Europapier am 11. März 1987 gegen Lettmüller Anzeige erstattete, war nur bekannt, daß Lettmüller zwei Schecks über 6,7 Millionen Schilling nicht ordnungsmäßig abgerechnet hatte. Erst eine Rückfrage der Europapier bei den einzelnen Geldinstituten erbrachte, daß Lettmüller fast wöchentlich in bar Millionenbeträge behoben hatte.

Noch am 10. März, dem Tag, als er erstmals nicht zur Arbeit erschien, holte er sich bei »seiner« Länderbankfiliale in Inzersdorf mehr als 3,3 Millionen Schilling. Von diesem Betrag konnte nur eine Million Schilling, eingelegt auf ein Sparbuch in Baden, gefunden werden. Im März erhielt auch Lettmüllers Freundin Irene die letzten Tausenderbündel von ihrem Franzi, so am 6. März abgezählte 300 000 Schilling in bar.

Laut Staatsanwalt hatte es von Lettmüllers Frau Christine einen Tip gegeben, wo er zu fassen sei. Von jenen, die ihn im Pongau gefunden haben, wird das bestritten. Sicher ist nur, daß Christine Lettmüller des »bladen Franz« letzte Nacht in Freiheit in der Gastwirtschaft »Zum Bierführer« in Goldegg mit ihm verbrachte. Morgens um neun klickten die Handschellen.

Somit schließt sich der Kreis der Geschehnisse um den Fall Lettmüller, soweit sie sich außerhalb der Europapier zugetragen haben.

Was hatten Franz Lettmüller und Irene Bogyi von alledem? Wie zwei Feuerwerkskörper stiegen sie strahlend und gleißend auf. Was bleibt, sind die ausgebrannten Reste, die unbeachtet wieder ins Dunkel des Mittelmaßes zurückfallen, aus dem sie gekommen sind. Lettmüller selbst, der Reiche, hatte nicht lange die Fäden in der Hand.

Er war ein Spieler, der sich am gefährlichen Reiz des Risikos delektierte und diesen Reiz immer weiter steigern mußte, bis er eines Tages statt Beherrscher der Umstände nur noch ein Getriebener war.

All diese Verschwendungsorgien zeigten etwas Infantiles, Unreifes. Die unbedingte Forderung nach unmittelbarer Wunscherfüllung, Lustgewinn und Triebbefriedigung ist nur Kindern gemäß. Vermutlich meint Franz Lettmüller das, wenn er im Gefängnis besinnlich sagt, er werde nach seiner Entlassung erwachsen sein. Es ist das Erwachen aus einem Traum, ernüchternd, aber zumindest für Franz Lettmüller auch befreiend. Sofern man das von jemandem sagen kann, der nun hinter Gittern sitzt.

Ein ungeheures Vermögen wurde verpraßt, vertan, verschwendet und vernichtet. Wie war es möglich, durch zehn Jahre hindurch unbemerkt aus einem Unternehmen mehr als eine Viertelmilliarde Schilling hinauszutragen, nachdem man zuvor bereits ein anderes um einige -zig Millionen Schilling betrogen hatte? Von den genialen Tricks des Buchhalters Franz Lettmüller wird im nächsten Abschnitt die Rede sein, der geneigte und interessierte Leser bekommt Gelegenheit, dem größten Kontenkünstler, der jemals in Österreich aufgeflogen ist, auf die Finger zu schauen. Der Buchhalter Franz Lettmüller ist ein anderer Mensch als der Verschwender. Lettmüller Nummer zwei tritt vor den Vorhang.

3. Die Unterschlagung

»Abseits aller ethischen Erwägungen sind die von Lettmüller verfaßten frisierten Berichte und Liquiditätslisten
eine imponierende Leistung.«

Staatsanwalt Dr. Erich Müller

Die Strategie des Täters

In nahezu jeder Firma wird gestohlen. Das reicht von kleinen »Unregelmäßigkeiten«, die mit schwitzenden Händen und flatternden Nerven begangen werden, bis zum kühl geplanten Großbetrug, hinter dem oft lange Vorbereitung und ein klares Konzept stehen. Die klassischen Fälle geistern immer wieder durch die Medien: getürkte Fahrtkostenabrechnungen, Vertreter, die das Inkasso in die eigene Tasche umleiten, der Kassier, der sich Geld »ausborgt« und ähnliche mehr oder weniger kleine Vergehen. Den Mittelstand in der »Unterschlagungshierarchie« bilden jene Untreuedelikte, bei welchen es schon um Millionen gehen kann. Wenn etwa regelmäßig aus dem Lager eines Kaufhauses Waren kistenweise spurlos verschwinden oder diese Waren gar nicht erst gelagert werden müssen, weil sie sich auf dem Weg vom Lieferanten zum Händler in Luft aufgelöst haben. In diese Kategorie fallen auch die Bestechungen und Handgelder, die Einkäufer dankbar vom Lieferanten in Empfang nehmen. Natürlich werden da entsprechende Gegenleistungen erwartet. Wenn etwa der Einkäufer einer großen Lebensmittelkette mit Hunderten Filialen im Schlachthof Sankt Marx in Wien für seine Firma ordert, dann wechseln viele Tonnen Fleisch den Besitzer, und das Woche für Woche. Es genügt, daß der Einkäufer entgegenkommenderweise dem Lieferanten pro Kilo Fleisch ein paar Groschen mehr bietet. Schon summieren sich diese winzigen, unauffälligen Groschenbeträge im Laufe von Jahren zu Millionen Schilling, die zwischen Lieferanten und Einkäufer brüderlich geteilt werden. Der Betrogene ist die Lebensmittel-Handelskette.
Wirklich großes Geld ist aber fast nur von Abteilungsleitern, Prokuristen aufwärts bis zur Geschäftsführung zu machen. Diese Leute kennen die internen Unternehmens-

Stolz präsentiert Franz Lettmüller das jüngste seiner drei Kinder mit seiner zweiten Frau Christine (oben). Irene Bogyi mit ihrem und Lettmüllers Sohn bei der Eröffnungsfeier eines Fitneß-Centers. Was wird aus den Kindern? (unten)

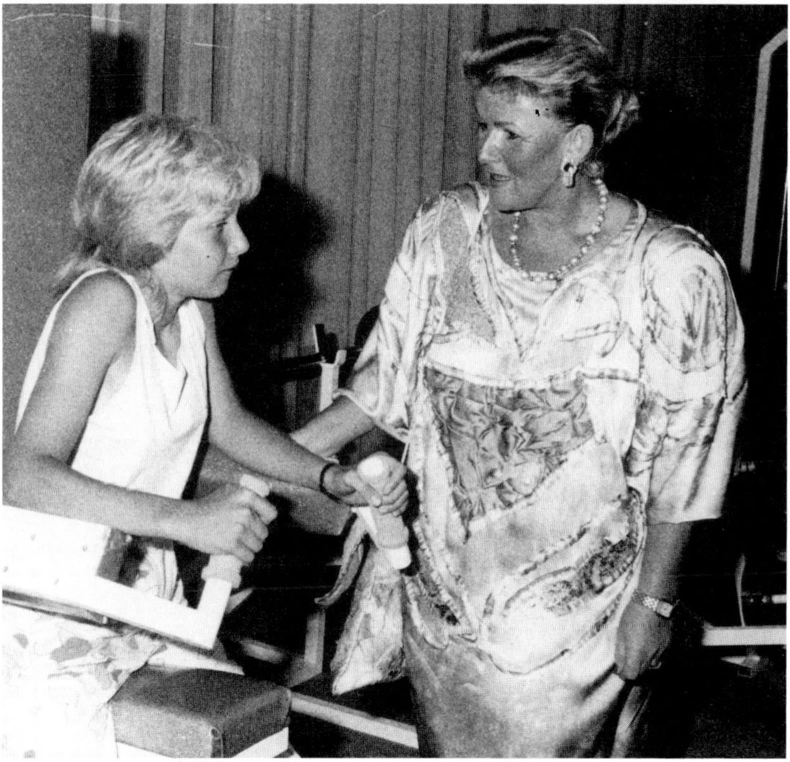

Franz Lettmüller als Angeklagter im Prozeß vor Weihnachten 1988:
Acht Jahre Gefängnis in erster Instanz.

Irene Bogyi hatte auf Freispruch gehofft, das Gericht glaubte ihr nicht: Fünfeinhalb Jahre Gefängnis, Berufung.

Für Kleider,
Schmuck und
Reisen hatte
Irene Bogyi -zig
Millionen
Schilling ausge-
geben, vor
Gericht brachte
ihr das wenig
Sympathien ein.

Franz Lettmüller
gelang es mit
Charme und Witz,
die Zuhörer und die
Medien für sich
einzunehmen, vor
Gericht gab er eine
überzeugende
Vorstellung.

Neben Frauen waren
Trabrennpferde
Lettmüllers zweite
große Leidenschaft.
Das Gestüt seiner Frau
in Punitz (oben) und
sein Lieblingspferd
»Lucky Joe« mit
seinem Trainer Cornel
Bürgler als Sieger des
Österreichischen
Derbys 1987 mit der
blauen Siegerdecke
(rechts).

Die Atmosphäre der Badener Trabrennbahn faszinierte Lettmüller, in Traberkreisen war er als Mäzen eine Legende. So lernte er seine zweite Frau Christine (rechts) kennen, die Europameisterin im Amateurtrabfahren war. Auch sie verwöhnte er mit Millionen, sie hielt bis zuletzt zu dem – gewesenen – Millionär.

Das Haus des Unter-
schlagungskünstlers in
Schäffern (Steiermark):
außen schlicht, innen mit
Elektronik gespickt.

Europapier-Filiale in Graz:
M. Salzer, P. Baum,
H. Kessler, H. Jagsch und
Veit Sorger.

abläufe, besitzen in der Firma Autorität und sind ab den Prokuristen zumeist berechtigt zur bankmäßigen Unterschrift. Und weil diese Leute in der Firma so hoch oben sitzen, wird ihr Risiko kleiner, wenn sie ihr Unternehmen betrügen.

Die »mafiose Methode«, sehr selten, aber dann äußerst effizient und ertragreich, besteht darin, daß sich mehrere Personen zu kriminellen Handlungen gegen das eigene Unternehmen verschwören. Es soll schon Geschäftsführungen gegeben haben, die die ihnen anvertraute Firma regelrecht ausplünderten. Da sie selbst die Chefs sind, traut sich keiner der Untergebenen was zu sagen, wenn wirklich einmal stinkende Schecks oder Belege auftauchen. Solche Methoden, wenn sie nur einigermaßen intelligent ausgeführt werden, sind selbst für die erfahrensten Wirtschafts- und Finanzprüfer kaum zu knackende Nüsse.

Und schließlich gibt es noch in der Top-Ebene der Unterschlagungshierarchie den Typus des einsamen Wolfes, der ohne jede wissentliche Hilfe anderer die Firmenmillionen witternd und prüfend umkreist, bis er sie in einem günstigen Moment für sich in Sicherheit bringen kann. Nicht auf einmal, sondern in appetitlich kleinen Häppchen, etwa jeweils eine Million oder auch nur einige paar zehntausend Schilling. Der absolute Großmeister dieser Gattung ist Franz Lettmüller II, der Buchhalter, Inhaber sämtlicher bekanntgewordener Rekorde in seiner Klasse.

»Die Europapier war ein großer Teich, in dem viele Karpfen schwammen. Ich dachte mir, es würde nicht auffallen, wenn dreihundert fehlen.« Dreihundert Millionen, die er eine nach der anderen bei seinem riesigen Fischzug an Land zog.

Wenn zuvor von »bekanntgewordenen Rekorden« die Rede war, so liegt die Betonung auf »bekanntgeworden«. Üblicherweise erfährt die Öffentlichkeit über solche Vorfälle nichts. Die Dunkelziffer ist höchstens bei Vergewaltigung ähnlich groß wie bei den Delikten der Untreue und Unterschlagung. Dies hat zwei Gründe.

○ Zum einen kann niemand sagen, wie oft solche Angriffe auf das Firmenvermögen erfolgreich sind. Eine Unterschlagung, die keiner aufdeckt, ist nicht existent. Was man nicht weiß, macht einen nicht heiß.

○ Zweitens bedeutet die Aufdeckung derartiger krimineller Handlungen noch lange nicht, daß die Polizei eingeschaltet wird, im Gegenteil. In der Praxis wird zuerst aufgeregt mit den Flügeln geschlagen, wenn der Unterschleif ruchbar wird. Dann folgt eine Phase des Nachdenkens. Kein Unternehmen gibt gerne zu, daß es betrogen und an der Nase herumgeführt wurde. Im Normalfall hat der Täter Vorgesetzte, denen in dieser Situation der Boden unter den Füßen heiß wird und der Kragen eng, denn einer muß ja die Verantwortung übernehmen, und das könnte den Hut nehmen bedeuten. Und schließlich, wenn schon das Kalb hin ist, muß man ja nicht noch die Kuh, sprich die ganze Firma, schlachten. Blamable Geschehnisse wie die Unterschlagung größerer Summen sind dem Ruf und dem aufwendig aufgebauten Firmenimage nicht gerade zuträglich.

Solcherart sind die Überlegungen, die vielleicht in der Nachdenkphase nach den ersten emotionellen Ausbrüchen Platz greifen. Und wenn dann im Zuge der nüchternen Einschätzung des Problems und der peinlichen Befragung des ertappten Täters auch eine mögliche Wiedergutmachung ins Kalkül gezogen wird, eröffnet sich der Weg zur »österreichischen Lösung«, zum »tragbaren Kompromiß«. Besteht nämlich die Chance zur Wiedergutmachung – und schließlich geht es ja in erster Linie ums Geld –, dann ist es wenig zweckmäßig, den gefaßten Defraudanten hinter Gitter zu schicken. Verzichtet man auf die Anzeige, dann wird zwar nicht dem herrschenden Rechtsempfinden Genüge getan, wohl aber dem Bedürfnis nach Schadensbegrenzung. Mit dem Argument des drohenden Gefängnisaufenthalts kann man bei der Familie des Täters eher aktive Unterstützung bei der Wiederbeschaffung des unterschlagenen Geldes finden. Sitzt das »schwarze Schaf« aber erst einmal hinter Gittern, neigen die Angehörigen erfahrungsgemäß mehr dazu, vom unrechten Gut soviel zu behalten als nur irgend möglich. Letzterer Effekt trat ja auch im Fall Lettmüller ein.

All diese Erwägungen sind auch für den Täter im Zuge seiner Beutezüge von Bedeutung. Er rechnet damit, daß ihn die Firma im Falle seines Auffliegens nicht fallenlassen wird. So war es ja auch beim Lettmüller. »Stellen Sie sich vor, ich hätte mit meiner Firma ohne Anzeige eine Kulanzlösung getroffen«, ließ er seinen Gedanken vor Gericht freien Lauf. Ein Bekannter von ihm sei nach dessen aufgeflogenen Unterschlagungen Geschäftsführer geworden ...

Bei der Europapier war diese »Kulanzvariante« aber nicht einmal diskutiert worden. Glücklicherweise, sonst wäre dieser lehrreiche Kriminalfall der Öffentlichkeit nie bekanntgeworden.

Der Defraudant hat alle Vorteile, die sich für einen Kriminellen, mit dem niemand rechnet, ergeben. Er hat die Wahl der Waffen, er kann sich den günstigsten Zeitpunkt aussuchen, er kann seine Operationen genau planen. Natürlich gibt es in Unternehmen Kontrollinstanzen, es wird geprüft und nachgespürt. Im täglichen Alltagseinerlei eines großen Betriebes – in jedem Betrieb, vermuten Fachleute – bilden sich aber Mängel im Sicherheitsnetz. Die Kontrollore blicken in Bücher, schauen in Lager, prüfen Abrechnungen. Dann gehen sie wieder und wenden sich anderen Abteilungen und Geschäftsfeldern zu.

Der entschlossene Täter aber kann in jeder Minute an seinem Plan feilen, für ihn wertvolle Beobachtungen registrieren, nach Schwachstellen suchen. Er ist der einzige, der wirklich wach ist. All diese Umstände machen es für Kontrollsysteme und Betriebsprüfer so schwer, Malversationen zu verhindern oder auch nur zu entdecken. Dazu kommen interne Probleme, die sich in der Unternehmenslandschaft wiederholen. Nicht jeder Abteilungschef kann den Leiter der Nachbarabteilung »riechen«, und die Zusammenarbeit, die den Griff in die Kasse verhindern könnte, unterbleibt. Der Täter wiederum weiß, wo Informationsflüsse unterbrochen sind, und kann die Schwachstelle in seinen Plan einbauen und nutzen.

Psychologische Aspekte kommen zum Tragen, die erst im Licht des Problems der Unterschlagung oder deren Verhinderung Bedeutung erlangen. Niemand läßt sich gern kontrollieren, und wenn die interne Revision in einer Abteilung »nachwassert«, fühlt sich so mancher Angestellte auf den Schlips getreten. Es wird als Zeichen von Mißtrauen ausgelegt, daß gerade bei ihm herumgeschnüffelt wird. Aus dem kühlen Klima folgt fehlende Bereitschaft, alle Informationen auf den Tisch zu legen oder gar noch selbst zur völligen Durchleuchtung geprüfter Vorgänge beizutragen.

Gerade für die heiklen »Vertrauenspositionen« muß aus der Sicht des Unternehmers und der Firma gelten: »Vertrauen ist gut, Kontrolle ist besser.« »Vertrauen« signalisiert, daß dort viel Geld unterwegs ist, die Kontrolle hat dafür zu sorgen, daß es sich in den vorgesehenen Bahnen bewegt.

Aus der Sicht des Diebes und Defraudanten, der all die genannten Umstände in seiner Firma beobachtet und analysiert hat, sind nun die zwei Fragen zu beantworten, die sein kriminelles Unterfangen ermöglichen und deren Durchführung die Unterschlagung im wesentlichen beschreibt.

○ Wie komme ich ans Bargeld?

O Wie bringe ich das in den Büchern unter?
Kein bislang aufgeflogener Betrüger hat diese zwei Probleme so elegant, erfindungsreich und kaltblütig gelöst wie Franz Lettmüller.

Lettmüller als Täter

Wer noch den kurz zuvor beschriebenen Lebemann und Verschwender in Erinnerung hat, wird den zweiten Lettmüller, den trotz seiner Körperfülle so unscheinbaren Schreibtischhengst, nicht wiedererkennen. Lettmüller führte die zwei Seiten seines Doppellebens in strikter Trennung des einen vom anderen. Die Tarnung, mit der er Mitarbeiter und Vorgesetzte düpierte, hielt bis zuletzt. Sorgfältig auf Details achtend, spielte er seine Rolle wie ein ausgebildeter Agent.
Seine Vorgesetzten wußten über seine Erscheinung später nur zu sagen, sie könnten sich mühsam erinnern, er sei dick, schwitzend und ärmelschonerverdächtig gewesen. Pünktlich war er jeden Morgen im Büro, nahm eher selten Urlaub und watschelte in seinen unauffälligen Anzügen jahrein, jahraus zu seinem Schreibtisch – die Verkörperung der Verläßlichkeit schlechthin.
Mochte man ihn auch manchmal auf den Rennplätzen und in Gesellschaft belächeln, in den Büroräumen der Europapier galt er als Spitzenkraft, die noch später im Prozeß von seinen früheren Vorgesetzten uneingeschränkte Anerkennung erhielt. Er war höchst qualifiziert, kompetent, er wußte alles, was das Finanzwesen anlangte. Er hatte sich über viele Jahre Vertrauen erworben, war beliebt bei Chefs und Mitarbeitern, er war unverzichtbar.
1978 erhielt er eine Prämie in Höhe eines Monatsgehaltes zum zehnjährigen Dienstjubiläum. Er war dankbar und gerührt.

Morgens fuhr er mit seinem kleinen Renault auf dem Parkplatz vor, und wenn das Auto beim Service war, lieh er sich ein Auto von einem Kollegen oder ersuchte, man möge ihn mitnehmen.

Noch im Herbst 1986, ein halbes Jahr vor seiner Festnahme, suchte der Herr Prokurist Lettmüller bei der Geschäftsführung um die Gewährung eines Dienstwagens an. Zu jener Zeit hatte er rund 200 Millionen Schilling abgezweigt, eine ganze Autoflotte gekauft und verschenkt und selbst zwei der teuersten Mercedes-Limousinen in Garagen abgestellt. Das Ansuchen wurde abgelehnt, und man kann sich vorstellen, wie sich Lettmüller zu Hause vor Lachen in seinem Sessel gewälzt haben mochte.

Wenn er wirklich so gut war, warum ist er dann aufgeflogen? Die Antwort darauf ergibt sich aus seiner Persönlichkeit, nicht etwa aus mangelndem Können. Ein perfektes Verbrechen erfordert einen perfekten Verbrecher, und der war Franz Lettmüller nicht. Jetzt weiß man, daß er noch heute in Ruhe Jahr für Jahr fünf oder auch zehn Millionen Schilling hätte einstreifen können, ohne daß das irgend jemandem aufgefallen wäre. Und wäre die Zeit dann reif gewesen, wäre er in den »wohlverdienten« Ruhestand getreten und hätte zum Abschied von der Firma noch eine goldene Uhr bekommen. Lettmüller hatte sich bei seinen Unterschlagungen kein »Kriegsziel« gesetzt. Es ging ihm nicht darum, groß abzukassieren und sich dann abzusetzen. Für ihn waren seine Betrügereien kein Selbstzweck, sondern nur notwendiges Mittel zum Zweck, nämlich seine Frauen aushalten zu können und seine Pferde laufen zu lassen.

Auf einen Nenner gebracht, Lettmüller stolperte wie viele andere vor ihm, denen ein Coup glückte, nicht über das Verbrechen, sondern über das offenbar weit schwierigere Problem: Wie und wofür gebe ich das Geld aus?

Günstige Bedingungen

Der gute, verläßliche Franz war nicht nur weitaus tüchtiger, als sich seine Vorgesetzten hatten träumen lassen. Er hatte auch Glück, weil die Geschäfte in der Europapier ohnehin so gut gingen – obwohl Lettmüller das Unternehmen plünderte, erwirtschaftete die Europapier in all den Jahren Gewinne in offenbar befriedigender Höhe. Schlendrian auf der einen Seite, Personalwechsel in der Führungsspitze auf der anderen verbesserten Lettmüllers Chancen. Die Kompetenzen in der Europapier waren ein einziges Tohuwabohu. Der Einkauf unterschrieb für den Verkauf und umgekehrt, ein ganzes Dutzend Prokuristen (laut Wirtschaftskompaß) gingen ihrer anspruchsvollen Tätigkeit nach und unterschrieben, was auf den Tisch kam. Zur Geschäftsführung hatte Lettmüller hervorragende Kontakte, kannte er doch Herbert Schmidt seit mehr als zehn Jahren und war immer bestens mit ihm ausgekommen.

Dazu kam noch, daß der emsige Buchhalter, der ja selbst die Modernisierung der elektronischen Datenverarbeitung organisiert hatte, bei seinen Mitarbeitern und Untergebenen als Autorität in diesbezüglichen Sachfragen galt. Wer sollte da Verdacht schöpfen, und wenn auch, wer hätte den allseits beliebten Kollegen angeschwärzt?

Lettmüllers anerkannter Fleiß bewirkte, wie so oft, daß er die Arbeit anzog und ihm von seinen Vorgesetzten Aufgaben übertragen wurden, für die der »Letti« gar nicht zuständig war.

Vor Gericht berichtete Lettmüller:

»Die Europapier war in ihrer Administration völlig vernachlässigt, weil dort die leitenden Herren nur am Erwerb neuer Brunftgründe interessiert waren. Und ich war der Administrations-Dodel.«

Ohnehin herrschte in der Chefetage, in den Zeitbegriffen

eines Unternehmens, reges Kommen und Gehen. Geschäftsführer Herbert Schmidt hatte den Einkauf unter sich und leitete zwischendurch, in einem Interregnum, den Finanzbereich. Weiters war als Geschäftsführer Kurt Hans Steinhoff für die Geschicke des Unternehmens verantwortlich. Er schied im Dezember 1986 aus. Direkter Vorgesetzter von Lettmüller war Diplomvolkswirt Jochen Seydewitz. Er stieß im Oktober 1985 zur Europapier und war unter anderem für das Controlling zuständig. Wie schon erwähnt, nahmen Seydewitz und Schmidt nach dem Lettmüller-Skandal ihren Abschied.

Dies waren die Umstände, unter denen der zuverlässige, gemütliche Leiter der Buchhaltung unter den Augen seiner Vorgesetzten die Millionenbeträge zwischen den Konten hin und her schob, bis sie im Dickicht verschwunden waren und später nur mit Mühe wieder ans Tageslicht geholt werden konnten. Lettmüller saugte und höhlte das unter normalen Umständen überaus gesunde und gewinnträchtige Unternehmen systematisch aus, bis das finanzielle Fundament wankte und bröckelte. Zuletzt war ja nur noch die von Lettmüller geschickt gestützte Fassade stehen geblieben, die Bücher, Bilanzen und Berichte, die keinen Hinweis auf den verrotteten Zustand hinter den frisierten Zahlen gaben.

Der Betrug wird vorbereitet

Lettmüller setzte seine Schritte sorgfältig durchdacht, vorsichtig und im entscheidenden Moment entschlossen. Längst hatte er sich informiert, wen er für seine Manipulationen mißbrauchen konnte, er kannte seine Konten so gut wie die Menschen, die mit ihm arbeiteten. Er wußte um deren Probleme, und er nutzte Schwächen des Systems virtuos aus.

Lettmüller ging daran, das erste Problem des Defraudanten – Wie komme ich ans Geld? – mit der ihm eigenen Perfektion zu lösen.

Schon seit 1984 war er Prokurist, war bevollmächtigt zur bankmäßigen Unterschrift auf Dokumenten wie Schecks. Aber nicht allein: Wie üblich herrschte auch bei der Europapier in der Finanzverwaltung das Vieraugen-Prinzip. Zu einer gültigen Unterzeichnung eines Schecks gehörten zwei, einer davon war natürlich Lettmüller, der die Schecks präparierte. Aber wer sollte ihn noch unterzeichnen?

Diese Frage stellte angesichts der schon genannten Kompetenzenvielfalt in der Europapier kein unüberwindliches Hindernis dar. Ein rundes Dutzend Leute waren berechtigt, gültige Unterschriften auf Firmendokumenten zu leisten, und jeder von ihnen vertraute Lettmüller! Die Frage, wieso Lettmüller als Buchhalter überhaupt solche Schecks unterschreiben durfte, wird im Abschnitt über die Prüfung noch gesondert behandelt. Zunächst kann man zur Kenntnis nehmen, daß Lettmüller erstens selbst unterschrieb, zweitens ein Dutzend anderer Leute in »Vertrauenspositionen« auch unterschreiben durften und drittens Lettmüller sich aussuchen konnte, wer seine fingierten Schecks unterschreiben sollte!

Das Ergebnis dieser schütteren organisatorischen Sicherheitsmaßnahmen beschreibt die Anklage zwar in langatmigem Juristendeutsch, aber präzise: »Franz Lettmüller (hat) in 256 Angriffen in der Zeit vom Dezember 1978 bis März 1987 mit dem Vorsatz, sich durch das Verhalten der Getäuschten unrechtmäßig zu bereichern, Nachgenannte durch Täuschung über Tatsachen teilweise unter Benützung einer verfälschten Urkunde zu Handlungen verleitet, wodurch die Firma Europapier einen Vermögensschaden in der Höhe von insgesamt S 253,993.772,81 erlitt, indem er als Leiter der Finanzbuchhaltung, ab Mai 1984 mit Prokura, Bankbevollmächtigte dieses Unternehmens unter dem Vorwand, betriebsbedingte Zahlungen zu leisten, dazu brachte, auf von ihm schon unterfertigten Barschecks die notwendige Zweitunterschrift zu leisten und durch Vorlage dieser, meist durch Abänderung der Schecksumme nachträglich auf einen höheren Betrag überdies verfälschten, Barschecks bei Geldinstituten, zumeist bei der in Inzersdorf etablierten Filiale der Länderbank Bedienstete dieser Geldinstitute zur Einlösung dieser Schecks verleitete.«

Dazu Lettmüller in seiner bemerkenswert farbigen Sprache und griffigen Diktion: »Ich habe das faule Ei unter zwanzig gute gemischt.«

Wirtschaftspolizei und Wirtschaftsprüfer leisteten bei der Aufklärung der Winkelzüge Lettmüllers ganze Arbeit, und Lettmüller selbst, verhaftet und vom Streß erlöst, legte seinerseits seine Karten rückhaltlos auf den Tisch. Dank seines hervorragenden Gedächtnisses, ohne das er bei den Verbuchungen mit Sicherheit lange vorher gestolpert wäre, konnte ein großer Teil seiner gefinkelten Tricks aufgeklärt werden. Diesem Umstand verdankt man den unmittelbaren Einblick in die Methoden des erfolgreichsten Betrügers, der auf eigene Faust und ohne Team arbeitete.

Seine Unterschlagungen konnten chronologisch rekonstruiert werden.

1976 ging es los. Damals arbeitete der kluge Franz noch bei der Firma Röder-Haimburger, die ja auch wie die Europapier mit Papier handelte. Wenn an einen Kunden verkauft wurde, so trudelte dann ein Kundenscheck, meist per Post, ein, mit dem der Käufer seine Schuld bei der Röder-Haimburger beglich. Sämtliche derartige Schecks wurden bei Röder-Haimburger von zwei Personen unterschrieben und wanderten zu Lettmüller, der sie an die Hausbank BAWAG zur Gutschrift weiterreichte.

Nicht so im März 1976. Damals gab Lettmüller erstmals einen Scheck nicht weiter, sondern löste ihn persönlich bei der Bank ein. Es waren im Vergleich zu später nur mickrige 3 500 Schilling, die die Firma Pirker Kühlung bei Röder-Haimburger zahlen wollte. Darüber, wie die »Privatentnahmen« verbucht wurden, folgt später mehr. Der Pirker-Scheck war mit dem für Kundenschecks typischen Vermerk EV – Eingang vorbehalten, was soviel heißt wie »akzeptiert, sofern der Scheck gedeckt ist« – gekennzeichnet. Er fand sich erst mehr als zehn Jahre später bei einer Untersuchung im Haus von Irene Bogyi, die ihn vielleicht aus sentimentalen Gründen, quasi als Grundstein für das spätere Vermögen, aufgehoben hatte.

Von da an, so die Anklage, »unterschlug er mit steigender Tendenz Kundenschecks«, und als die Firma Röder-Haimburger ihre Geschäftstätigkeit einstellte, hatte Lettmüller ein Riesenvermögen abgezweigt, nach eigener Schätzung etwa 75 Millionen Schilling.

Nach dem Ende von Röder-Haimburger wechselte Lettmüller zur Europapier, nach seinen Worten »der große Karpfenteich«, der noch weitaus fettere Beute versprach. Lettmüller kam entgegen, daß ja auch Herbert Schmidt von Röder-Haimburger mit zur Europapier gewechselt war, und zwar wieder als Geschäftsführer. Nun ging der große Aderlaß für die Europapier erst richtig los. Erst zehn Jahre später sollte die Belegschaft erfahren, welches Kuckucksei man sich da ins Nest gesetzt hatte.

Das Wort hat wieder der Staatsanwalt Dr. Erich Müller, der die in der Voruntersuchung zusammengetragenen Erkenntnisse säuberlich in eine Anklageschrift umgegossen hat.

»Der Zahlungsverkehr der Firma Europapier war grundsätzlich unbar organisiert. In den inkriminierten Fällen hat aber der Beschuldigte als Leiter der Finanzbuchhaltung unter dem Vorwand, hiermit Rechnungen zu bezahlen, Barschecks selbst ausgestellt. Die von ihm benützten

Eingangsrechnungen waren jeweils schon von den für diese Geschäfte zuständigen Fachabteilungen der Höhe nach geprüft. Hinsichtlich der Fälligkeiten hatte Franz Lettmüller diese Rechnungen zu prüfen.

Da Lettmüller nur kollektiv zeichnungsberechtigt war (Vieraugenprinzip!), hat er – zumeist Diplomkaufmann Schmidt – die jeweilige Rechnung mit dem von ihm ausgestellten und auch schon unterfertigten Barscheck vorgelegt. Herbert Schmidt, der pro Woche bis zu 1 000 Unterschriften zu leisten hatte, konnte lediglich den Rechnungsbetrag mit der Schecksumme vergleichen, was in allen Fällen freilich übereinstimmte.

Nach der Leistung der Zweitunterschrift auf dem Scheck wurde die betreffende Rechnung aber nicht als bezahlt entwertet, da niemand einen Mißbrauch für möglich gehalten hatte. So konnte der Beschuldigte den Scheck einerseits für seine Tasche einlösen, die Rechnung aber später mittels Banküberweisung bezahlen. Dabei legte er dieselbe Rechnung neuerlich, freilich einem anderen Bankbevollmächtigten, zur Leistung der Zweitunterschrift auf dem Überweisungsbeleg vor.«

Zum Unterschied von seiner früheren Firma, Röder-Haimburger, wo Lettmüller Kundenschecks unterschlug, mit denen andere Firmen ihre Schulden bei Röder-Haimburger bezahlen wollten, wandte Lettmüller bei der Europapier auch eine andere Taktik an, um gültige, unterschriebene Schecks in die Hand zu bekommen. Diesmal ging es um Zahlungen, die die Europapier ihrerseits an ihre Lieferanten zu entrichten hatte. Die Europapier kaufte ein, der Lieferant schickte die Rechnung, Lettmüller bastelte einen Scheck lautend auf einen Betrag in der Höhe der Rechnungssumme, unterschrieb ihn – das durfte er ja – und legte ihn mit der Rechnung einem anderen Unterschriftsberechtigten vor. Da die Rechnung nicht entwertet wurde (ein schwerer Fehler!), hatte Lettmüller nach dieser

Aktion einen gültigen Barscheck und eine nicht entwertete, aber auch nicht bezahlte Rechnung in der Hand. Den Scheck kassierte er selbst, die Rechnung behielt er sich und legte sie bei Gelegenheit mit einem nunmehr »ernstgemeinten« Überweisungsformular neuerlich einem anderen zur Unterschrift vor, der die Rechnung noch nicht kannte. Worauf die Überweisung ordnungsgemäß durchgeführt wurde.

Das vorläufige Ergebnis dieser Manipulation: Lettmüller hatte den gültigen (beim ersten Durchgang gewonnenen) Scheck in der Hand, der Lieferant bekam per Überweisung sein Geld (nach dem zweiten Durchgang) und hatte keinen Grund zu klagen, für ihn war ja alles in Ordnung. Zu diesem Zeitpunkt war noch nicht einmal die Europapier geschädigt, weil Lettmüller ja seinen Scheck noch hatte und dieser nicht eingelöst war. Aber das kam noch, nur schritt Letti vorher noch zu größerer Tat, damit sich der ganze Aufwand mitsamt dem erheblichen Risiko auch wirklich lohnte.

Der Staatsanwalt beschreibt das nüchtern so:

»In zahlreichen Fällen hat der Beschuldigte die Schecksumme durch Hinzufügen von Ziffern auf einen höheren Betrag verfälscht. In allen Fällen hat er dies getan, in denen der Scheck auf eine 7stellige Ziffer (Millionen) lautete. In diesen Fällen hat er das Kommazeichen versetzt und das Wort ›Million‹ eingefügt, wobei auf den sichergestellten Schecks Zeilenverschiebungen erkennbar sind.«

Unterschlagungen Lettmüller:

1981	13 466 140,35
1982	15 324 437,89
1983	33 183 726,46
1984	45 984 039,10
1985	61 713 018,80
1986	73 807 782,10
1987	19 653 494,—
	263 132 638,70

Das war erstmals am 20. Oktober 1983 der Fall, und weil es sich so gut bewährte, ab März 1984 die Regel.

Eine Liste der unterschlagenen Schecks findet sich im Anhang.

Auf diese Weise bewältigte Lettmüller also die Vorbereitungen, um das erste der zwei Probleme des Defraudanten zu lösen – Kasse zu machen.

Bargeld lacht

Lettmüller hatte nun die Schecks, aber noch keine knisternden Scheinchen, die man ausgeben konnte. Er mußte die Schecks erst einlösen, und bei diesem Schritt lauerte neuerlich Gefahr. Mußte es nicht einer Bank auffallen, wenn er Woche für Woche Hunderttausende und später Millionen Schilling in bar abholte? Es mußte nicht zwangsläufig, wie sich zeigen sollte.

Eine »Erbschaft« aus der Zeit bei Röder-Haimburger war der Kontakt zur Filiale der Länderbank in Inzersdorf, wo diese Firma ja ihren Sitz gehabt hatte. Dort kannte man ihn schon, und dort setzte Lettmüller den Hebel an. Die Europapier hatte mit dieser Zweigstelle der Großbank gar nichts zu tun, was von Vorteil war, lediglich der Geschäftsführer der Europapier, Herbert Schmidt, unterhielt dort sein Privatkonto. Auch dies war ein Relikt aus der Röder-Haimburger-Zeit.

Die ersten Versuche Lettmüllers, die Schecks einzulösen und ans Bare zu kommen, kaschierte er noch mit einem Vorwand: er sprach von Lohnauszahlungen, die getätigt werden müßten, und legte bei der Bank sogar Münzaufstellungen vor.

Später war das nicht mehr nötig, und der Leiter der Filiale in Inzersdorf, Gustav Kemptner, erwies sich als überaus entgegenkommend. Filialvorstand Kemptner kaufte auch anstandslos Schecks an, die auf andere Geldinstitute oder Filialen der Länderbank lauteten.

Banken entwickeln zuweilen eine ungewöhnliche Zuneigung für Kunden, die nach Geld riechen, und für einen Filialleiter bedeutet es einen gelungenen Fang, solch eine potente Persönlichkeit als Kunden für die eigene Filiale zu gewinnen. Man weiß ja, was man der Kundschaft schuldig ist, und ein Kaliber vom Range eines Franz Lettmüller läuft einem nicht alle Tage über den Weg.

Filialvorstand Kemptner zeigte sich also geschmeidig und kaufte sogar Verrechnungsschecks an, die auf die Creditanstalt-Bankverein lauteten, und zahlte auch diese bar an Lettmüller aus. Die Filiale war insofern gut organisiert, als die Angestellten der Länderbank Lettmüllers CA-Schecks in der benachbarten CA-Filiale einlösen mußten, »während Lettmüller und Kemptner eine Zigarre rauchten«, wie der Staatsanwalt sarkastisch vermerkt.

Gutes Kundenservice ist das Um und Auf eines jeden Dienstleistungsbetriebes, so auch einer Bank. Um den wichtigen und gewichtigen Kunden Franz Lettmüller bei Laune zu halten und nicht etwa durch Schlußzeiten am Bankschalter unter unzumutbaren Termindruck zu setzen, war man bei Lettmüller ausnahmsweise flexibler. Die Geldbehebung spielte sich, so Lettmüller, im Laufe der Zeit in einer Art »VIP-Atmosphäre« ein. Er meldete sein Kommen telefonisch an, und sollte sich die »very important person« Lettmüller etwa verspätet haben, wartete man mit dem Kassaschluß auf sein Eintreffen. Auf Weisung Kemptners mußten stets über dem normalen Bargeldbestand ein bis zwei Millionen Schilling in bar vorrätig sein, um nicht Gefahr zu laufen, Lettmüller etwa ohne Geld abziehen zu lassen.

Lettmüller packte also seine Milliönchen, bar wie sie waren, in eine Schachtel oder in ein Plastiksackerl, verstaute das Ganze im Kofferraum seines Wagens und fuhr von dannen.

103

Nicht allzuweit, denn von Inzersdorf aus ist man gleich auf der Südautobahn, und rund zwanzig Kilometer weiter bog Lettmüller bei der Abfahrt Baden zu einem kurzen Zwischenstopp ab. Gleich nach dieser Abfahrt kommt man an einen beliebten Würstelstand, den auch Lettmüller gern frequentierte. Nicht wegen der kulinarischen Genüsse, da war er anderes gewöhnt. Vielmehr wartete dort, nach fernmündlicher Aufforderung, sein Freund Walter John. Diesen Mann hatte Lettmüller über seine Freundin Irene Bogyi in einem Gasthaus kennengelernt, und die gemeinsame Liebe zum Trabrennsport hatte bald zu engerem Kontakt geführt. John, früher Versicherungsvertreter, war in der Filiale der BAWAG in Baden beschäftigt. Beim Würstelstand namens »Onkel Hans« übergab der dicke Franz das Geld an Walter John, der, ohne auch nur nachzuzählen, Richtung Baden fuhr und die Moneten per Banküberweisung bei der BAWAG oder in bar an die diversen dankbaren Abnehmer weiterleitete. Bei John fanden sich später von Lettmüller blanko unterschriebene Dispositionsformulare.

Lettmüller selbst setzte sich wieder in seinen Wagen, kurvte zurück auf die Südautobahn und entschwand in Richtung seiner Güter jenseits des Wechsels. Rechtliche Beurteilungen sind Sache der Gerichte und nicht dieses Buches. Der Leser mag sich selbst einen Reim machen auf die Tatsache, daß Herbert Schmidt, der Europapier-Geschäftsführer, nie etwas von dem äußerst ungewöhnlichen Bargeldbedarf seines Prokuristen erfuhr, wenn er in der Filiale Inzersdorf nach seinem Konto sah. Bemerkenswert ist weiters, daß Lettmüllers Art des Geldverkehrs, regelmäßige Millionen-Packungen im Kofferraum, so ungewöhnlich wie gefährlich war. Bei der Bank schien es niemanden zu stören, Lettmüller war als Kunde König. Wie sicher Lettmüller sich fühlte und wie vertraut Kemptner mit ihm war, zeigt auch, daß Lettmüller über Kemptner bis 1984 Liegenschaften unter seinem, Lettmüllers, Namen kaufte. Als Kemptner in Pension ging, hatte Lettmüller keinen Grund, über mangelnde Kontinuität zu klagen. Auch bei Kemptners Nachfolger funktionierte alles wie gehabt.

In der Europapier selbst konnte man aufgrund der Kontoauszüge nicht erkennen, daß es sich bei den Kontenbewegungen um Barauszahlungen handelte, weil – anders als bei Privatkonten – die Codierung keinen Hinweis darauf gab. Eine – zumindest theoretisch mögliche – Sicherheitsmaßnahme wäre gewesen, bei der Bank eine Obergrenze für die jeweiligen Beträge auf den Schecks einzuziehen. Dies wird aber von seiten der Kreditinstitute oft abgelehnt, und wenn doch zugestimmt wird, dann ohne Übernahme einer Haftung. Es würde ja sonst ein Unternehmen ohne jegliche Zusatzkosten einen Teil des Risikos auf die Bank überwälzen können.

Lettmüller hatte also wie beschrieben die Bargeldquelle zum Sprudeln gebracht, und er schöpfte daraus in vollen Zügen. Wie aber konnte er seine Entnahmen in der Buchhaltung verbergen, wie löste er das zweite Problem des Defraudanten?

Die Tricks des Buchhalters

Wie immer, wenn er mit einem Spezialgebiet zu tun bekommt, muß sich der Laie mit stark vereinfachten Auskünften begnügen, die ihm ein ungefähres Bild der Verhältnisse bieten können. Sich an den Feinheiten zu delektieren bleibt den geschulten und qualifizierten Experten vorbehalten. Dies gilt für alle Wissensgebiete wie Physik, Chemie, Gentechnologie, aber auch für einzelne Bereiche der Kunst. Und es gilt für die Buchführung. Der Leser der folgenden Seiten wird selbst beurteilen können, wie weit er den spitzfindigen Manipulationen des Kontenkünstlers Lettmüller zu folgen vermag. Wenn er die Übersicht verliert, so mag er sich trösten: auch die geschulten Wirtschaftsprüfer brauchten einige Anläufe, um die gefinkelten Winkelzüge des genialen Zahlenrastelli völlig zu durchschauen.

Die einfache Party-Version der Lettmüller-Tricks sieht wie folgt aus:

O Einen Teil der Fehlbeträge brachte Lettmüller im Konto Wareneinkauf unter. Er »kaufte« Papier, das es gar nicht gab, den von der Europapier zu entrichtenden Kaufpreis steckte er selbst ein. Wieso man das nicht entdeckte? Weil bei diesem Konto, wie bei großen Unternehmen üblich, die Veränderungen am Jahresende nur indirekt ermittelt werden. Da die Europapier jährlich für 800 bis 900 Millionen Schilling Papier kaufte, fielen die von Lettmüller getätigten »Scheinkäufe« von der Größenordnung her nicht auf. Es waren nur Promille.

O Ein weiterer Teil der unterschlagenen Millionen verschwand buchmäßig im Dschungel der Vorsteuerkonten. Es geht dabei um Mehrwertsteuern, die das Unternehmen meist beim Finanzamt guthat oder dort schuldig ist. Auch die Einfuhrumsatzsteuer gehört hier dazu. Hier lassen sich die Spuren von Manipulationen besonders leicht verwischen, weil die Vorsteuerverbuchung zu den kniffligsten Aufgaben überhaupt gehört. Nach außen hin sieht man vom Schwindel nichts, weil das Unternehmen zunächst gar nicht geschädigt ist.

O Schließlich jonglierte Lettmüller gekonnt mit den Kreditkonten der Europapier. Hier allerdings ergab sich für ihn, daß zum Unterschied von den zwei vorher genannten Methoden, wo seine Entnahmen auf den entsprechenden Konten endgültig auf Nimmerwiedersehen verschwinden konnten, ein Nachteil. Er mußte die von ihm gerissene Lücke von Jahr zu Jahr weiterwälzen.

Am Jahresende jedenfalls, für den Jahresabschluß, stimmten die Konten allesamt haargenau, alles ging sich aus. Immer am 31. Dezember saß Lettmüller im Büro und nahm fieberhaft die entsprechenden, für ihn erforderlichen »Abschlußbuchungen« vor.

Man muß auch bedenken, daß in einem Unternehmen wie der Europapier pro Jahr viele hunderttausend Einzelbuchungen anfallen, und Lettmüller brauchte für seinen eigenen Bedarf ja nur ganz wenige Veränderungen.

In einfachster Form: Lettmüller kürzte künstlich den Gewinn der Europapier, die Differenz gehörte ihm.

Buchungen für Spezialisten

Um das System, nach dem Lettmüller die Konten fälschte, zu verstehen, muß man sich die dabei geltenden Umstände vor Augen halten. Als Chef der Finanzbuchhaltung war er, wie üblich für diese Position, berechtigt, selbst Buchungen vorzunehmen. Ein guter Teil der Falschbuchungen wurde aber gar nicht von ihm selbst durchgeführt, sondern nach seinen Anweisungen und auf Grund von ihm selbst ausgestellter Belege von den ihm unterstellten Mitarbeitern seiner Abteilung. Als zusätzliches Sicherheitsnetz gegen eine Entdeckung löste er einzelne Buchungsvorgänge auf, indem er Beträge in kleinere Summen zerlegte und diese dann auf verschiedenen Konten unterbrachte. Obendrein setzte er in Einzelfällen ein Ringelspiel in Gang; er ließ Beträge über vier, fünf Buchungsstationen laufen, so daß auch bei genauer Prüfung, wenn wirklich einmal bei einer Kontrolle man genau diesen Geschäftsfall unter die Lupe genommen hätte, den Prüfer die Lust am Rechnen verlassen hätte. Auch dem sprichwörtlichen, für seine Genauigkeit bekannten »Haftelmacher« wären letztendlich die Zahlen vor den Augen verschwommen.

Die erste Falschbuchung im März 1976 ließ sich noch recht einfach an, Lettmüller übte noch. Damals war Irene Bogyi ihm unterstellt und buchte die 3 500 Schilling des unterschlagenen Kundenschecks der Firma Pirker Kühlung, den Lettmüller in bar einstreifte, einerseits im Debitorenkonto als Zahlung aus. Die Gegenbuchung nahm sie wahrheitswidrig auf dem Sammelkonto »Skontoaufwand« vor. Das war noch in der Zeit bei Röder-Haimburger, und ob Irene Bogyi aus eigenem Antrieb falsch buchte oder auf Weisung oder unwissentlich, hat das Gericht zu entscheiden.

Im Oktober desselben Jahres war das System schon verfeinert. Für den 19. 10. liefert die Anklageschrift folgendes Beispiel:

Auf dem Konto Nr. 23 000 und 23 100 (Kundenforderungen) wurde eine Habenbuchung von insgesamt S 483 062,30 vorgenommen, also eine Bruttoverminderung von Kundenforderungen inklusive Mehrwertsteuer in dieser Höhe. Auf dem Konto Mehrwertsteuer (Nr. 35 000) wurde aber ein Betrag von S 472 517,15 im Soll gebucht. Das waren natürlich weit mehr als die damals geltenden 16 Prozent Mehrwertsteuer, die bei 483 062,30 Schilling nur S 66 629,24 ausgemacht hätte. Auf dem Konto Handelswaren bzw. Erlösberichtigung Inland wurden im Soll Beträge von S 9 163,65 und S 1 381,50 verbucht. Per saldo stimmte die Buchung auf den Groschen genau. Der Wirtschaftsprüfer, der damals die Firma Röder-Haimburger jährlich prüfte, war niemand Geringerer als die renommierte Kanzlei »Consultatio«, die aber mehr auf die Salden-Erlösberichtigung geachtet hatte als auf die Salden-Mehrwertsteuer, die ja für das Unternehmen nicht erlöswirksam war.

Bei den unterschlagenen Kundenschecks – es waren 170 an der Zahl, davon allein von einer einzigen Kundenfirma in einem Gesamtbetrag von rund 10,8 Millionen Schilling – ging Lettmüller so vor:

Ausgangspunkt war eine entsprechende Buchung im Haben des jeweiligen Debitorenkontos, die Gegenbuchung erfolgte im Soll des Scheckverrechnungskontos.

Anders lief die Sache bei den von Lettmüller selbst ausgestellten Barschecks. Hier war der Ausgangspunkt das Bankkonto, von dem der Betrag in Höhe der Schecksumme abgebucht wurde. Aber nicht, um eine Firmenrechnung zu bezahlen, wie Lettmüller vorgab, sondern um den Betrag selbst in bar einzustreifen. Die Gegenbuchung erfolgte auf solche Konten, die mit der Rechnung, die dem Buchungsvorgang ja zugrundelag, gar nichts zu tun hatten. Es waren dies Konten, für die Lettmüller zuständig war, also zu seinem Verrechnungskreis gehörten und somit seiner Kontrolle unterlagen. Lettmüller war für folgende Hauptbuchkonti persönlich zuständig:

– Konto CA-BV (X). Über dieses Verrechnungskonto einer Steuerberatungskanzlei lief die Gehaltsverrechnung der leitenden Angestellten, wofür diese Kanzlei zuständig war;

– das Verrechnungskonto Allianzversicherung

– das Verrechnungskonto Röder-Haimburger

– das Konto Zubau Strebersdorf

– das Konto ALAG, die der Europapier das Betriebsgelände verleast hatte;

– die Umsatzsteuerverrechnungskonti.

In diese Konten buchte Lettmüller seine Unterschlagungen ein, wobei er, wie gesagt, die zum Teil gesplitteten Beträge im Ringelspiel über mehrere Konten laufen ließ. Da er dabei immer einen Betrag einbuchte und denselben Betrag auf der anderen Seite wieder ausbuchte, ergab sich immer ein Nullsaldo. Konten, die zum Jahresabschluß einen Nullsaldo aufwiesen, waren wiederum für die Abschlußprüfer uninteressant, wie Lettmüller wußte.

Pro Jahr fielen bei der Europapier rund 700 000 Buchungssätze auf Sachkonten an und etwa eine Million Buchungssätze im Journal, da fielen die paar Buchungen von Lettmüller nicht ins Gewicht. Ausgedruckt hätten die jährlichen Buchungen bei der Europapier rund 30 000 Seiten beansprucht! Nachstehend eine Übersicht, welche Beträge Lettmüller in den einzelnen Jahren auf »seine« Konten einbuchte. Im Zuge der Voruntersuchung konnten diese Buchungen genau rekonstruiert werden.

1980

Einkauf graphische Papiere Wien	S 1 500 474,–
Einkauf Import graph. Papiere Wien	S 937 264,–
Einkauf Import gr. Papiere Salzburg	S 116 383,–
Bezugskosten Import gr. Papiere	S 268 179,–
geleistete Anzahlungen	S 324 000,–
FA Wien Vorsteuer	S 2 195 918,–
Einfuhrumsatzsteuer	S 1 592 854,–
Summe	S 7 035 071,–

1981

Vorsteuer	S 11 568 331,–
Verrechnung Wiener Allianz	S 259 821,–
Wareneinsatz	S 401 232,–
Feuerversicherung	S 109 261,–
Rechtskosten	S 405 032,–
FA Wien Mehrwertsteuer	S 398 463,–
Gesamtbetrag	S 13 142 140,–

1982

Vorsteuer	S 20 174,–
Einfuhrumsatzsteuer	S 5 841 803,–
FA Wien Sonstige Verrechnung	S 919 995,–

FA Wien Zahllast	S 200 000,–
Rückstellung für Gebühren, Beiträge	S 13 741,–
Wareneinsatz	S 8 328 724,–
Gesamtbetrag	S 15 324 437,–

1983

FA Wien Sonstige Verrechnung	S 4 901 850,–
FA Wien Zahllast	S 13 966 203,–
Wareneinsatz	S 14 315 672,–
Gesamtbetrag	S 33 183 725,–

1984

ÖLB septo	S 15 000 000,–
SCHÖLLER septo	S 10 000 000,–
Vorsteuern	S 342 591,–
FA Innsbruck Gw VZ	S 4 000,–
FA Wien Sonstige Verrechnung	S 2 380 556,–
FA Wien Zahllast	S 2 894 900,–
Wareneinsatz	S 15 361 992,–
Gesamtbetrag	S 45 984 039,–

1985

Verrechnung Röder-Haimburger	S 80 000,–
FA Wien Sonst. Verrechnung	S 669 274,–
FA Wien Zahllast	S 31 894 749,–
Wareneinsatz	S 13 013 945,–
Bankzinsen	S 1 055 050,–
Septo Konto Banken	S 15 000 000,–
Gesamtbetrag	S 61 713 018,–

1986

Konto CA-BV (X)	S 6 847 400,–
Verrechnung div. Banken	S 3 371 178,–
Gewerbesteuervorauszahlungen	S 2 207 300,–
FA Wien Sonstige Verrechnung	S 37 038 226,–

FA Wien Zahllast	S 2 456 600,–
Verbindlichkeiten Alag	S 19 660 006,–
Grundkauf Graz	S 2 227 027,–
Gesamtbetrag	S 73 807 782,–

Jeweils am Jahresende ließ sich Lettmüller aus dem Buchungscomputer seine Konten ausdrucken wie auch das Bankkonto bei der Länderbank. Die Fehlbeträge, die sich dann ergaben, verteilte er für die Bilanzerstellung plausibel. Lettmüller war ja auch für die Budgetplanung zuständig und konnte so die Verschleierung seiner Entnahmen rechtzeitig einkalkulieren.

Wareneinsatz – Die wunderbare Geldvermehrung

Wie aus der Aufstellung der jährlichen Einbuchungen ersichtlich, hat Lettmüller zwischen 1980 und 1985 allein auf dem Konto »Wareneinsatz« rund 51 Millionen Schilling »untergebracht«. Dazu vermerkt der Staatsanwalt: »Hätte sich der Beschuldigte weiterhin ›nur‹ mit Manipulationen beim Wareneinsatz begnügt, wären seine Verfehlungen unter der Voraussetzung der gleichbleibenden Entwicklung des Unternehmens nie entdeckt worden.«
Wie das, bei dieser gigantischen Summe?
Dazu muß man wissen, daß in Anbetracht der riesigen Zahl von Ein- und Verkäufen in einem Handelsbetrieb der Wareneinsatz erst am Jahresende indirekt ermittelt wird:
Anfangsbestand
+ Zugänge (minus Retouren)
= Zwischensumme
– Endbestand (laut Inventur)
= Verbrauch
Bei einer späteren Prüfung wird dann nur getestet, ob der

so ermittelte Wareneinsatz in plausiblem Verhältnis zum Gesamterlös des Unternehmens steht. Dabei wird auch berücksichtigt, ob der Rohaufschlag auf die eingekauften Waren im branchenüblichen Spielraum liegt. Hellhörig wird ein Prüfer nur dann, wenn sich am Verhältnis Wareneinsatz zu Gesamterlös von einem Jahr zum anderen eine sichtbare Verschiebung ergibt, wobei eine Änderung von einem Prozent schon Alarm auslöst. Lettmüller wußte das natürlich auch. So sah dieses Verhältnis in den betreffenden Jahren bei der Europapier aus:

1976   80,80%
1977   81,20%
1978   81,94%
1979   81,38%
1980   81,30%
1981   81,07%
1982   81,63%
1983   81,09%
1984   81,01%
1985   80,91%

Trotz der horrenden Beträge, die Lettmüller abzweigte, gab es also für den Außenstehenden kaum Anzeichen, daß da irgend etwas nicht in Ordnung sein könnte, geschweige denn einen Grund, genauer in die Konten zu schauen. Dazu Lettmüller, der schlitzohrige Menschenkenner: »Niemand liest gerne lange Listen.«

Der gewitzte Buchhalter profitierte auch davon, daß in diesen Jahren der Papierpreis fiel – was das eingekaufte Papier billiger wurde, steckte Lettmüller in die Tasche. An den Kennzahlen änderte sich ja dadurch nichts. In Summe kam die Manipulation beim Wareneinsatz einer Gewinnkürzung der Europapier gleich, was aber angesichts der ohnehin guten Ergebnisse niemandem aufgefallen ist.

Im Dschungel der Mehrwertsteuer-, Vorsteuer- und Einfuhrumsatzsteuerkonten bewegte sich der körperlich zwar schwerfällige, geistig aber äußerst flinke Lettmüller mit der Umsicht eines Guerilleros. »Der Mann hatte unterschlagungstechnisch einen sechsten Sinn«, kommentierte später mit wissenschaftlichem Enthusiasmus Universitätsprofessor Dr. Erich Loitlsberger, in Österreich *die* Kapazität auf dem Gebiet des Revisions- und Treuhandwesens. In der Tat jonglierte Lettmüller auf den betreffenden Konten mit sieben- bis achtstelligen Beträgen, die jeden Prüfer entsetzt hätten – wenn er es bemerkt hätte.

Aber Lettmüller war nicht von gestern. Wie geschildert, glich er Fehlbestände am Jahresende durch Umbuchungen aus, und wer dann die Konten zur Prüfung in die Hand bekam, blickte auf Salden, die glaubwürdig und plausibel waren. Daß die Buchungen auf den Konten wie zum Beispiel »Finanzamt Wien – sonstige Verrechnung«, »Finanzamt Wien – Zahllast« oder »Vorsteuer – nicht ermittelbar« in keiner Weise mit dem übereinstimmten, was beim Finanzamt tatsächlich an Steuerschulden fällig war, fiel nicht auf. Die Abschlußprüfer waren jeweils im März des darauffolgenden Jahres mit ihrer Arbeit fertig, die Kontonachricht vom Finanzamt trudelte erst im April ein. Da war das Kind schon geschaukelt, und Lettmüller, der ja dafür zuständig war, nahm die Nachricht vom Finanzamt interessiert in Augenschein. Er wußte ja, daß die ganze Sache faul war: Für den Jahresabschluß hatte er Umsatzsteuervoranmeldungen fabriziert, die aus dem Geschäftsverlauf der Europapier heraus logisch waren, in den Abschluß einflossen und von den Prüfern natürlich nicht weiter beanstandet wurden. Dem Finanzamt freilich schickte er Steuervoranmeldungen mit ganz anderen Zahlen! So konnte es geschehen, daß die Europapier vom Fiskus mit einer Nachforderung von insgesamt achtzig Millionen Schilling beglückt wurde, die das Ende der Firma bedeutet hätten.

Um zu unterstreichen, wie geschickt Lettmüller bei seinen

Manipulationen vorging, sei noch einmal darauf hingewiesen, daß er insgesamt zwei Finanzprüfungen über die Jahre 1970 bis 1976 und 1977 bis 1981 anstandslos überstand, was natürlich auch die Betriebsprüfer von der Treuhandfirma »Auxilia« wußten.

Der Trick mit der Vorsteuer

Vorsteuern sind im Normalfall Guthaben eines Unternehmens beim Finanzamt, die sich aus dem System der Mehrwertsteuer ergeben. Im einfachsten Fall sieht das so aus: Ein Handelsunternehmen kauft bei einem Lieferanten zum Beispiel Papier um 1 200 Schilling. In diesem Betrag sind bei einem Mehrwertsteuersatz von 20 Prozent 200 Schilling sogenannte Vorsteuern enthalten (die Mehrwertsteuer, die das einkaufende Unternehmen mit dem Kaufpreis an den Lieferanten zahlt). Diese 200 Schilling kann das Unternehmen nun beim Finanzamt als Vorsteuer geltend machen, das heißt, es holt sich die 200 Schilling vom Finanzamt zurück, indem es dort ein Guthaben aufbaut. Das Finanzamt – der Fiskus – erleidet bei dieser Transaktion keinen Schaden. Wenn unser Papierhandelsunternehmen nämlich die Ware weiterverkauft, schlägt es auf den Verkaufspreis seinerseits die Mehrwertsteuer von 20 Prozent wieder auf, kassiert den Verkaufspreis und liefert die Mehrwertsteuer dem Finanzamt ab. So stellt das System zweierlei sicher: Erstens bleibt für Unternehmen die Mehrwertsteuer nur ein Durchlaufposten in der Buchhaltung; sie hat keinen Einfluß auf das Betriebsergebnis. Zweitens wird nur der geschröpft, der die Steuer ja letztendlich auch zahlen soll – der Konsument, der beim Einkauf im Papiergeschäft den vollen Preis mitsamt der Mehrwertsteuer auf den Tisch blättern muß, diese Mehrwertsteuer aber nie mehr zurückbekommt. Der Inhaber des Papiergeschäftes liefert nun die von ihm kassierte Mehrwertsteuer dem Finanzamt ab, und dort bleibt sie auch und hilft, die Staatsfinanzen aufzubessern.

Für das Unternehmen hat die Mehrwertsteuer also zwei Seiten. Beim Einkauf entsteht mit der Zahlung an den Lieferanten, sobald Rechnung und Zahlungsbeleg vorliegen, eine Vorsteuerforderung an das Finanzamt. Verkauft das Unternehmen Ware, entsteht beim Finanzamt eine Steuerschuld, die Mehrwertsteuer-Zahllast. Die Zeitpunkte von Einkauf und Verkauf derselben Ware liegen meist Wochen und Monate auseinander, währenddessen die Ware auf Lager bleibt. In der Praxis legt das Unternehmen, sobald ein Einkauf bezahlt ist, dem Finanzamt eine Vorsteueranmeldung, worauf die Finanz den entsprechenden Betrag gutschreibt. Bis vor kurzem wurden dabei von den Finanzämtern keinerlei Belege angefordert, weil das bei einem größeren Betrieb Tausende von Rechnungen und Zahlungsbelegen bedeutet, die die gestreßten Finanzfachleute hätten prüfen müssen. Bei normalem Geschäftsverlauf eine überflüssige Arbeit, weil das, was das Finanzamt als Vorsteuer gutschreibt, später beim Verkauf der Ware ja ohnehin wieder zurückfließt. Seit dem großen Goldmünzenskandal, auf den noch eingegangen wird, neigen die Finanzbeamten jetzt eher dazu, bei Vorsteueranmeldungen auch Belege zu verlangen. Aus der geschilderten Vielzahl der Belege bei großen Unternehmen ergibt sich aber der betrübliche Umstand, daß für das Finanzamt die Kontrolle, ob alles korrekt ist, um so schwieriger wird, je größer die Beträge in den Vorsteueranmeldungen werden. Um so größer die Geldbeträge, desto mehr versagt die Kontrolle.

Dieses für den Laien an sich komplizierte System ist aber im Detail noch mit jeder Menge Tücken gespickt. Wenn zum Beispiel ein Unternehmen eine Bauinvestition durchführt, die sich über mehrere Jahre erstreckt, so wird diese erst nach Fertigstellung als Anlagenzugang verbucht, und erst damit wird auch, nach der Endabrechnung, die Mehrwertsteuer-Zahllast fällig. Während der Bauzeit sind aber Hunderte von Lieferanten tätig; Baufirmen, Installateure, die gesamte Haustechnik usw. kosten das Unternehmen Geld. Laufend flattern Rechnungen ins Haus und werden bezahlt, und mit jeder Rechnung wächst das Vorsteuerguthaben beim Finanzamt.

Bei exportorientierten Unternehmen gibt es fast überhaupt nur noch Guthaben beim Finanzamt, und wenn ein Unternehmen importiert, wird es auch nicht einfacher. Die Ware liegt dann etwa im Zollfreilager und findet sich in der Buchhaltung im Wareneinsatz. Steuerlich ist die Ware aber noch gar nicht »da«, nämlich im Inland. All diese vielen komplizierten Bestimmungen und Verrechnungsmethoden führen dazu, daß kaum ein Mensch jemals die Vorsteuerkonten genau überprüft. Nicht die Finanzämter, die ja daran ein ursprüngliches Interesse haben müßten, und schon gar nicht die Unternehmen, für die, wie gesagt, die ganze Mehrwertsteuer ja ohnehin nur ein Durchlaufposten ist. Eine solche Überprüfung wird auch nirgends verlangt. Man muß sich dazu vorstellen, daß das Vorsteuerkonto in einem lebhaften Betrieb tausend und mehr Seiten hat, alle säuberlich langweilig in Computerausdruck. Man müßte bei einer Kontrolle erst einmal die einzelnen Waren und Leistungen nach den diversen Mehrwertsteuersätzen auseinanderklauben, eine Sisyphusarbeit. Es gibt übrigens Computerprogramme, die diese Arbeit erleichtern, sie werden aber in der Praxis kaum jemals eingesetzt, und viele Unternehmen wissen gar nicht, daß es sie gibt.

In diesem Umfeld also schritt der versierte Buchhalter Franz Lettmüller zur kriminellen Tat. Einen Teil seiner Unterschlagungen hatte er im Wareneinsatz buchhalterisch untergebracht, bei den Vorsteuern eröffneten sich ihm weitere Perspektiven. Wie ging er vor?

Kehren wir zurück zur Ursache, die seine Manipulationen nötig machte. Er hatte Schecks unterschlagen und in bar bei der Länderbank kassiert. Der Kontostand der Europapier bei der Länderbank verminderte sich also jeweils um den unterschlagenen Betrag, was natürlich auf den Kontoauszügen der Bank ersichtlich war.

Diesen Zahlungsausgang galt es nun zu verstecken. Für Lettmüller kein Problem. Wenn er 1 Million kassiert hatte, so stellte das auf dem Länderbankkonto der Europapier eine Abbuchung im Haben dar. Er brauchte also eine passende Sollbuchung, und die nahm er zum Beispiel auf dem Konto »Verrechnungskonto Banken« vor. Dieses Konto dient als Zwischenkonto für alle möglichen Überweisungen und Zahlungsvorgänge. Wenn etwa ein Unternehmen Geld von einem Konto bei einer Bank auf ein anderes bei einer anderen Bank überweist, so dauert es üblicherweise zwei bis drei Tage, bis die Gutschrift bei der zweiten Bank erfolgt. Für die Abbuchung wird der Beleg von der ersten Bank sofort ausgestellt, in der Buchhaltung des Unternehmens wird die Abbuchung auf dem entsprechenden Bankkonto der ersten Bank vorgenommen. Die Gegenbuchung erfolgt auf dem Verrechnungskonto. Wenn dann ein paar Tage später von der zweiten Bank der Beleg über die Gutschrift der Überweisung einlangt, erfolgt diese Gutschrift auch auf dem entsprechenden Bankkonto der Firma als Zugang, und als Gegenbuchung wird das Verrechnungskonto im Haben belastet, wodurch dort der Saldo wieder auf Null gestellt ist. Über die Verrechnungskonten laufen oft Milliarden von Schilling, die Entdeckung einer getürkten Buchung ist reiner Zufall.

Lettmüller hatte nun also seine Million auf dem Verrechnungskonto im Soll eingebucht, und dort blieb sie nicht lange. In einem nächsten Schritt buchte er die Million im

Verrechnungskonto im Haben wieder aus und stellte sie auf dem Konto »Vorsteuer« ins Soll. Der Effekt dieser Maßnahme ist verblüffend. Das Verrechnungskonto ist wieder ausgeglichen, und bei der Vorsteuer erhöht sich das Guthaben der Firma Europapier gegenüber dem Finanzamt um genau die unterschlagene Million. Mit anderen Worten, Lettmüller hatte die Million, die er seiner Firma geklaut hatte, auf das Finanzamt abgewälzt, und die Europapier hatte formell überhaupt keinen Schaden.

Ein Teil dieser Vorsteuer-Manipulationen hatte übrigens eine innere Logik, die dem diesbezüglichen Vorgehen des dicken Franz Eleganz verleiht. Bei der Beschreibung des Tricks mit dem Wareneinsatzkonto wurde analysiert, wie Lettmüller durch fiktive Einkäufe Zahlungsverpflichtungen an Lieferanten bastelte, die es natürlich gar nicht gab. Die Schecks, mit denen diese »Verbindlichkeiten« von der Europapier bezahlt werden sollten, hatte er ja selbst kassiert. Da aber, wie oben erläutert, Einkäufe für ein Unternehmen Vorsteuerforderungen an das Finanzamt mit sich bringen, ergaben sich natürlich aus den erfundenen Einkäufen genauso erfundene Vorsteuerguthaben!

Freilich mußte nun auch das Finanzamt davon in Kenntnis gesetzt werden, daß sich das Vorsteuerguthaben der Europapier erhöht hatte. Dies machte Lettmüller einfach per Vorsteueranmeldung, die ja, wie er wußte, ungeprüft blieb.

Zuweilen mußte allerdings auch Lettmüller zum plumpen Mittel der Fälschung greifen. Dann ließ er sich korrekte Belege von seinen Vorgesetzten unterschreiben. Der Durchschlag blieb in der Buchhaltung, das von Lettmüller entsprechend veränderte Original ging an das Finanzamt. Insgesamt betrug das Vorsteuervolumen der Europapier pro Jahr rund 190 Millionen Schilling, 5 oder 10 Millionen auf oder ab wären da gar nichts Besonderes gewesen. So wie beim Wareneinsatzkonto wäre man Lettmüller nie auf die Schliche gekommen, wären seine Betrügereien nicht so katastrophal ausgeufert. Per Wareneinsatzkonto hatte Lettmüller die Europapier geschädigt, indem er den Gewinn verkürzte. Per Vorsteuerkonto ließ er das Finanzamt zur Ader.

Die Geheimnisse der Kreditkonten

Neben den beiden genannten so erfolgreichen Varianten dachte sich Lettmüller noch einen dritten Weg aus, seine Unterschlagungen in den Büchern zu verbergen. Auch hier sind zum besseren Verständnis einige grundsätzliche Erklärungen nötig.

Jedes Unternehmen hat bei einer oder mehreren Banken ein Kontokorrentkonto laufen. Es ist dies ein Kreditkonto mit einem ausgehandelten Rahmen, ähnlich wie der Normalbürger sein Gehaltskonto bis zu einer bestimmten Höhe überziehen kann. Dieses Konto (Fachausdruck: Ordinario) dient dazu, den laufenden Zahlungsverkehr des Unternehmens zu finanzieren. Bei der Bank, wo das Konto eingerichtet ist, stehen im Soll die wechselnden Forderungen an das Unternehmen, das sich das Geld geliehen hat. Im Unternehmen zeigt das entsprechende Konto »Bankverbindlichkeiten« die Schulden aus diesem Kredit gegenüber der Bank.

Es gibt daneben aber noch andere Finanzierungsformen für Unternehmen, etwa die sogenannten Fix- oder Barvorlagen. Das sind kurzfristige Kredite in Höhe von 5, 10 oder mehr Millionen Schilling. Es kommt vor, daß Geldinstitute zuviel Geld – Liquidität – haben, das sie, um es nicht ertraglos liegen zu lassen, gerne zu ermäßigten Zinssätzen an Unternehmen ausleihen. Für einen geschickten Finanzmanager einer Firma sind diese Fixvorlagen eine beliebte Möglichkeit, Zinskosten zu sparen. Wenn Gelder vom gewöhnlichen Kontokorrentkonto 7 oder je nach Zinslandschaft 9 Prozent kosten, dann gibt es solche Fixvorlagen auf einige Wochen zu 4 oder 5 Prozent.

Nimmt eine Firma ein Fixvorlage auf, dann passiert bei der Bank folgendes: Zum üblichen Kreditkonto (Ordinario) der Firma kommt ein Subkonto (in der Fachsprache »Septo« genannt). Die Bank bucht nun auf dem neuen Septo-Konto eine Forderung von angenommen 5 Millionen, die Gegenbuchung erfolgt auf dem normalen Kreditkonto, wo die 5 Millionen gutgeschrieben werden. Insgesamt weitet sich also das Kreditvolumen der Firma nicht aus, es wird nur ein Teil niedriger verzinst.

In der kreditnehmenden Firma würde die korrekte Verbuchung so aussehen: Unterhalb des Kontos »Bankverbindlichkeiten« müßte auch ein neues Konto eingerichtet werden, wo die Verbindlichkeit aus der Fixvorlage eingebucht wird. Wird die Fixvorlage nach drei Wochen zurückgezahlt, wird die Verbindlichkeit ausgebucht, und der Saldo ist wieder auf Null.

In der Praxis herrscht auf den diversen Konten ein reges Kommen und Gehen, Vorlagen werden aufgenommen und zurückgezahlt, und das nicht nur bei den Geschäftsbanken des Unternehmens; die Firmen nehmen das Geld dort, wo sie es am günstigsten bekommen, und das kann auch bei irgendeinem Geldinstitut sein.

Was fiel Lettmüller dazu ein? Der Ausgangspunkt ist wieder ein unterschlagener Scheck und eine entsprechende Abbuchung der Bank auf dem Konto Europapier in Höhe des an Lettmüller bar ausgezahlten Betrages. Wie bei der Vorsteuer verbuchte er die unterschlagene Summe – zum Beispiel 1 Million – auf dem Verrechnungskonto, wo er wieder eine entsprechende Buchung im Soll vornahm. Von dort mußte die Million durch eine Habenbuchung später wieder verschwinden, aber wohin? Hier kam Lettmüller zugute, daß in einem Interregnum sein Freund und Geschäftsführer Herbert Schmidt für die Leitung der Finanzen der Europapier zuständig war. Bald war dem tüchtigen und fähigen Buchhalter Lettmüller – er war ja der Leiter der Finanzbuchhaltung – ein wesentlicher Teil dieser Führungsaufgabe übertragen, und er besorgte den gesamten Bankenverkehr. Somit war er auch für die Aufnahme von Fixvorlagen zuständig, und er nützte dieses neue Instrument weidlich in seinem Sinne. Er nahm also, um seine Unterschlagung buchhalterisch zu verschleiern, eine Fixvorlage auf, eröffnete aber dafür kein eigenes Konto, wie es eine korrekte Verbuchung erfordert hätte. Er buchte den Betrag ganz einfach auf das Verrechnungskonto, wo die Schecks zwischengelagert waren, im Haben. Die Folge dieser genial einfachen Manipulation: Auf dem Verrechnungskonto war der Saldo wieder Null, die Schecks waren optisch beseitigt. Die Europapier hatte zwar eine Verbindlichkeit in Höhe der Fixvorlage, die schien aber in der Buchhaltung des Unternehmens gar nicht auf.

In Wahrheit natürlich bestand diese Bankschuld sehr wohl, und dies ist auch der Unterschied zu den beiden »sicheren« Varianten Wareneinsatz und Vorsteuer. Die Konten mußten ja zum Stichtag Jahresende ausgeglichen sein und mit den Bankauszügen übereinstimmen. Und so saß der löblich emsige Franz Lettmüller am 31. Dezember im Büro und glich Unstimmigkeiten in den Konten mit Akribie aus. Die Fixvorlagen sind zwar kurzfristige Kredite, man kann sie aber, indem man immer neue aufnimmt, um alte zurückzuzahlen, auf Jahre prolongieren. Das heißt, Lettmüller ließ mit dieser dritten Variante seine Unterschlagungen nicht endgültig verschwinden, sondern wälzte sie von einem Jahr zum nächsten. Er hatte sich dieser Methode auch erst in den letzten zwei Jahren bedient. In den Jahren 1981 bis einschließlich 1985 unterschlug Lettmüller insgesamt rund 169,7 Millionen Schilling bei

der Europapier. Diesen Betrag teilte er buchmäßig wie folgt auf die drei geschilderten Varianten auf:
- auf Finanzamt-Vorsteuer-Einfuhrumsatzsteuerzahllast
77,2 Millionen S
- auf Wareneinsatz 52,5 Millionen S
- auf Fixvorlagen verschiedener Banken <u>40,0 Millionen S</u>
169,7 Millionen S

Ein weiteres Beispiel, wie Lettmüller jonglierte:
Über das Konto »CA-BV (X)« lief die Gehaltsverrechnung für die leitenden Angestellten. Aus Gründen der Geheimhaltung hatte man diese an eine andere Wirtschaftsprüfungs- und Steuerberatungskanzlei ausgelagert. Dieses Konto wurde für die Auszahlung der Gehälter und sämtlicher Abgaben eingerichtet, zeichnungsberechtigt dafür war nur die betreffende Kanzlei. Auch 1982 unterschlug Lettmüller Millionen und führte sie diesem Konto zu. Zuerst brachte er auf diesem Konto als Gegenbuchung für eine Unterschlagung einen Betrag von rund 4,5 Millionen Schilling unter, den er, wie gehabt, am 31. Dezember wieder ausbuchte. Dem suchenden Auge des Wirtschaftsprüfers bot sich sodann ein unverdächtiger Saldo von heißen 214 Schilling dar.
Und wohin buchte Lettmüller am 31. Dezember genau 4 641 581 Schilling? Auf ein weiteres Konto in seinem Verrechnungsbereich namens »Zahlungen Zubau Strebersdorf ALAG«. Dieses Konto war eigentlich »tot«, es hätten keine Buchungen darüber laufen dürfen. Taten sie auch nicht, denn als die Wirtschaftsprüfer den Saldo dieses Kontos in Augenschein nahmen, fanden sie einen beruhigenden Saldo von Null (laut Hauptbuchsaldenliste) und bei näherem Hinsehen eine Kontenbewegung in der Höhe von 740 000 Schilling, die exakt mit einer ALAG-Rechnung vom 4. Juni 1982 übereinstimmte! Lettmüller hatte wieder einmal ein Kaninchen zurück in den Hut gezaubert ...

Es ließe sich mit Lettmüllers Kontentricks ein eigenes Buch füllen, aber das würde die Geduld des Lesers über Gebühr strapazieren.

Zum Abschluß dieses Abschnittes über Lettmüllers Unterschlagungen soll aber darauf hingewiesen werden, daß Lettmüller wohl kein Monopol auf solcherlei Betrug hat. Er ist nur einer der wenigen, denen man draufgekommen ist und die der Polizei und Justiz ausgeliefert wurden, was dem Beobachter ja erst die Gelegenheit gibt, einen Blick hinter die Kulissen der Tätigkeit des untreuen Buchhalters zu werfen. Es gab Betrüger vor ihm, und andere werden folgen.

Hier sei ein Beispiel aus der jüngeren Vergangenheit genannt, das entsprechenden Staub aufgewirbelt hat und in den Medien – wenn auch meist nicht ganz korrekt – wiedergegeben wurde. Es handelt sich um den Goldmünzenskandal von 1986, wo ein Team in- und ausländischer Spezialisten die Republik Österreich um viele hundert Millionen Schilling – man sprach von bis zu einer Milliarde Schilling – erleichtert hat. So wie Lettmüller stolperten auch diese einfallsreichen Herren über den simplen Umstand, daß sie nicht genug bekommen konnten. Das System war einfach und genial: das eine setzt im allgemeinen das andere voraus. Eine vergleichsweise kleine Menge Golddukaten wurde von Österreich aus offiziell in die Schweiz exportiert, wobei der Exporteur beim Finanzamt, wie üblich bei Ausfuhren, die Vorsteuer rückerstattet bekam. Die Sache hatte nur den kleinen Schönheitsfehler, daß plötzlich wesentlich mehr Golddukaten exportiert wurden, als vom Hauptmünzamt im betreffenden Zeitraum überhaupt geprägt worden waren. Nach Schätzungen ungefähr 8 Millionen Stück! Die alarmierten Experten der Nationalbank sowie der Finanz schlossen messerscharf, daß hier Dukaten ins Ausland geliefert wurden und heimlich, still und leise, vermutlich per Fluggepäck, wieder nach Österreich gelangten. Woraufhin das Spiel von neuem beginnen konnte. Wie gesagt, auch hier wäre weniger mehr gewesen. 100 Millionen Schilling wären vielleicht noch nicht aufgefallen, eine Milliarde Schilling sicher!

Zum Themenkreis Unterschlagungen und Buchhaltung gesellen sich im Zuge der zunehmenden elektronischen Datenverarbeitung für die Kontrolle laufend neue Probleme, die von der Theorie der Kontrolle noch gar nicht erfaßt sind. Es sind ja im Normalfall nicht die großen Raubzüge, um die es geht. Das Gros der Betrügereien spielt sich in Bereichen von kleineren Beträgen ab, und die fallen schon gar nicht auf. Dazu kommt noch die aus der Erfahrung erhärtete Tatsache, daß der untreue Buchhalter, so er sein Metier einigermaßen beherrscht, erfindungsreich ist und meist einen Trick mehr kennt als Kontrollore und Prüfer.

In modernen Buchhaltungen ist der Zahlungsverkehr voll automatisiert. Überweisungsformulare, Verrechnungsschecks, Wechsel, alles wird in Form von Computerausdrucken eingesetzt. Von der Bank, über die der Zahlungsverkehr läuft, wird den Unternehmen die Schecknummer mitgeteilt und dann in der Firma selbst aufgedruckt.

Da sind dann bei einer mittleren bis größeren Firma Hunderte Lieferanten in der Kontenliste aufgeführt, deren Rechnungen automatisch per Zahlungsauftrag beglichen werden. Wer soll entdecken, daß irgendein charakterschwacher Mitarbeiter der Buchhhaltungsabteilung bei einer Bank ein Sparbuch auf den Namen »Ehrlich & Sparsam« eröffnet und die automatisierten Zahlungen nicht an die echte Firma »Ehrlich & Sparsam« vornimmt, sondern einfach auf sein Sparbuch umleitet? Natürlich bleibt die Forderung der richtigen Firma Ehrlich & Sparsam bestehen. Wie man die echte Verbindlichkeit im Zuge eines zweiten Zahlungsvorganges begleicht, hat Franz Lettmüller exemplarisch vorgeführt. Freilich könnte eine Bank bei der Erledigung der Zahlungen anhand des Nummernkreises des Kontos erkennen, ob das Geld auf ein Sparbuch oder auf ein Firmenkonto fließt. Aber welche Bank kontrolliert das schon? Technisch braucht in diesem Beispiel der Defraudant zwei Gegenbuchungen, eine für das Sparbuch und eine für den Lieferanten.

Aber für versierte EDV-Spezialisten bietet die computerisierte Buchhaltung noch ganz andere Möglichkeiten. Bei vielen Buchhaltungen kann man in die Dateien eingreifen, wenn man weiß, wie's geht. Die meisten Systemhandbücher geben darüber Aufschluß, weshalb sie sorgsam in einem Tresor unter Verschluß gehalten werden sollten. Aus der Praxis ist ein Fall bekannt, wo sich eine Buchhalterin in einem Verarbeitungslauf den Saldo der ganzen Buchhaltung ausdrucken ließ und dann in die Datei einstieg, um die Kundenforderungen zu kürzen. Die Differenz zweigte sie in die eigene Tasche ab, nachdem sie den Saldo des Kontos Kundenforderungen verändert hatte. Das Ergebnis war, abgesehen davon, daß sie ihren Vermögensstand aufgebessert hatte, daß die Summe der offenen Forderungen weniger ergab, als sie laut Buchhaltung hätte sein müssen. So etwas ist aber nur zu entdecken, wenn man alles nachaddiert, und, so mühsam das im Einzelfall auch sein mag, es wird eine Notwendigkeit.

Zwielichtige Kontenspezialisten nutzen auch gerne Geschäftsfälle, die etwas außerhalb der Routine ablaufen: Die Firma streitet mit einem Lieferanten über die gelieferte Ware, es gibt eine Mängelrüge. Ein Grundsatz ordnungsmäßiger Buchführung lautet, daß sofort eingebucht werden muß, sobald der entsprechende Beleg vorliegt. Also wird der Wareneingang eingebucht, die Zahlung an den Lieferanten dagegen ausgebucht. Im Zuge des Streites nimmt der Lieferant die Ware zurück und schickt reuig eine Gutschrift. Die steht dann auf einem Konto, und eines Tages ist sie weg... Unter Hunderttausenden Buchungsvorgängen, die jährlich in einem Unternehmen anfallen können, muß da schon der Zufall seine Hand im Spiel haben, damit sowas irgendwann auffliegt.

Ähnlich funktioniert es, wenn ein Kunde irrtümlich einen zu hohen Betrag überweist. Aktenkundig ist ja auch die von Lettmüller praktizierte Methode, in ein Bündel von Überweisungsaufträgen einen faulen einzuschmuggeln. Einmal in der Firma abgezeichnet, werden die Überweisungsaufträge per Post oder persönlich zur Bank weitergeleitet, und plötzlich findet sich – oder findet sich eben nicht – unter den korrekten Formularen ein fingiertes. Die Bank könnte das vielleicht noch feststellen, wenn sie die Summe der Sammelüberweisung mit der Summe der Einzelüberweisungen vergleicht. Tut sie das? Und wenn dieser Vorgang mit der Variante »Sparbuch« kombiniert wird, geht die Wahrscheinlichkeit der Entdeckung gegen Null...

Für Prüfer, interne Kontrolle und für die Finanzprüfung der Finanzämter stellt sich aus all den genannten Beispielen die Aufgabe, in Ausbildungs- und Informationsstand mit den potentiellen Tätern Schritt zu halten. Je komplexer die elektronischen Buchungssysteme werden, desto schwieriger wird es sonst, Betrug und Unterschlagung auf die Spur zu kommen.

Ein – theoretisches – Beispiel vielleicht noch, das die Vielfalt der Möglichkeiten krimineller Bereicherung illustriert. Ein Unternehmen in Österreich ist die Tochtergesellschaft eines multinationalen Konzerns mit Sitz in New York. US-Konzerne haben zweierlei gemein: sie setzen ihre Führungskräfte zwecks Schulung und Blutauffrischung der jeweiligen Töchter abwechselnd bei den einzelnen Tochtergesellschaften ein. Job-Rotation heißt das System. Und zweitens mag man in der Konzernzentrale üblicherweise etwas gar nicht, nämlich schlechter werdende Ergebnisse bei einer Tochtergesellschaft. Da können die Herren in New York äußerst ungemütlich werden. Was also tun? Der frisch hierzulande eingetroffene, bestens geschulte neue Herr Generaldirektor der Tochtergesellschaft in Österreich legt wie ein Eichhörnchen Vorräte für schlechtere Zeiten an – stille Reserven. Die Geschäfte gehen gut, die Planzahlen werden erfüllt, und mit etwas Glück wächst auch noch der in der Bilanz versteckte Notgroschen, der in Wahrheit natürlich viele Millionen Schilling ausmachen kann.

Die Bosse in New York sind hochzufrieden ob der guten Ergebnisse – diesen Mann muß man fördern! Und ab geht es nach wenigen Jahren, vielleicht wird er verantwortlich für ganz Westeuropa mit Sitz in Paris oder Frankfurt. Und so wechseln die Geschäftsführer der kleinen, aber feinen Tochter in Österreich. Nur einer ist immer da. Der Buchhalter, der schließlich als einziger weiß, daß es da noch Nüßlein gibt, er hat sie ja selbst seinerzeit in der Bilanz versteckt. Wenn er die stillen Reserven, von denen ja sonst keiner mehr weiß, auflöst und – à la Lettmüller – ans Bare kommt, ist er ein gemachter Mann.

Nur der liebe Gott und der Fleischhauer wissen, was in der Wurst ist, lautet ein volkstümliches Sprichwort (die Metzger mögen verzeihen). Nur der liebe Gott und der Buchhalter wissen, was in den Konten steckt. Es muß betont werden, daß das ebengenannte Beispiel keinerlei realen Bezug hat und nur der Phantasie entsprungen ist.

Es ließen sich mit etwas Nachdenken eine Reihe von Varianten erfinden, wie man praktisch ohne Risiko der Entdeckung ans große Geld kommt. Solche zu veröffentlichen ist aber nicht die Aufgabe dieses Buches, das könnte mißverstanden werden. Hier soll der geneigte Leser ja erfahren, wie man solch kriminellem Tun Einhalt gebieten könnte. Davon im nächsten Abschnitt mehr.

4. Die Prüfer

»Dieser Mann hätte in jedem österreichischen Unternehmen unterschlagen können.«

Univ.-Prof. Dr. Erich Loitlsberger

Allgemeines Umfeld und Voraussetzungen

Unter den vielen Fragen, die der Fall Lettmüller in seinem ganzen Spektrum aufwarf, bewegte die Öffentlichkeit eine ganz besonders: Wie war es möglich, daß durch zehn Jahre hindurch trotz regelmäßiger Prüfung durch Wirtschaftsprüfer und natürlich vorhandenen Sicherheitssystemen in der Europapier selbst nie auch nur der Schatten eines Verdachtes aufkam? Hatten Aufsichtsrat, Geschäftsführung, der ja die Kontrolle in erster Linie obliegt, und Prüfer allesamt geschlafen?

Um diese Frage, wer denn da wo versagt hat, ist in Fachkreisen der Wirtschaftsprüfer eine heftige Diskussion entbrannt. Es gibt Argumente und Gegenargumente, Theoretiker streiten mit Praktikern, ein Ende oder gar eine eindeutige Entscheidung zugunsten der einen oder anderen Seite ist nicht abzusehen. Im konkreten Fall Europapier geht es dabei hinter den Kulissen auch um viel Geld. Der Leser möge sich an Abschnitt 1 erinnern, wo detailliert beschrieben wurde, wie die Gesellschafter der Europapier versuchten, die prüfende Treuhandkanzlei in die Haftung für den von Lettmüller angerichteten Schaden einzubinden. Jede Wirtschaftstreuhänderkanzlei muß eine Haftpflichtversicherung gegen Vermögensschäden mit einer vorgeschriebenen Mindestdeckungssumme abschließen. Parallel dazu hat die Kammer der Wirtschaftstreuhänder eine ergänzende Excedenten-Haftpflichtversicherung für alle Mitglieder abgeschlossen. Der Kern der Auseinandersetzungen liegt also darin, ob die Prüfer für den Schaden mithaften, und zweitens, ob die Versicherung für den Schadenersatz aufkommt und so die Europapier einen Teil des verlorenen Geldes wieder zurückbekommt. Lettmüller hat hier einen Präzedenzfall geliefert, an dem sich die Fachwelt delektiert und der die Praktiker schaudern macht. Der Fall Lettmüller rührt buchstäblich an die Fundamente eines der angesehensten Berufsstände dieses Landes.

Da der endgültige Ausgang des Meinungsstreites noch völlig offen ist, werden in den folgenden Kapiteln dieses Abschnittes die rigorosen Argumente der Seite der Theoretiker den Argumenten der Praktiker gegenübergestellt, die ja täglich an der Front in den Betrieben ihrer Prüfungstätigkeit nachgehen und so zu anderen Einschätzungen der umstrittenen Sachverhalte kommen. Der interessierte und vielleicht sogar selbst betroffene Leser ist eingeladen, selbst seine Schlüsse zu ziehen und, falls erforderlich, entsprechende Konsequenzen zu ziehen.

Das grundsätzliche Problem sowohl der betriebsinternen Kontrolle als auch der außerbetrieblichen Prüfer stellt sich in etwa so dar: Hundertprozentige Sicherheit gegen Unterschlagungen und Diebstahl gibt es nicht. Selbst wenn jede einzelne Buchungshandlung und jeder einzelne Geschäftsvorgang kontrolliert werden, ist das noch keine Garantie, daß ein Betrug nun ausgeschlossen ist. Es sei an das Beispiel der »mafiosen Methode« erinnert, wo sich mehrere Personen, im Extremfall eine ganze Geschäftsführung, am Betrug beteiligen. Auf wen sollte sich der Eigentümer des Unternehmens da noch verlassen? In der Praxis ist natürlich eine solche hundertprozentige Kontrolle, die ohnedies keine völlige Sicherheit gegen Untreue bietet, ausgeschlossen, damit muß sich auch jeder Unternehmenseigner abfinden, der um sein Geld bangt. Wenn alles kontrolliert würde, wäre das das Ende der ökonomischen Tätigkeit, weil die Kosten jeglichen Geschäftserfolg unmöglich machten.

Somit muß man also davon ausgehen, daß nur Teilbereiche geprüft und kontrolliert werden können. Die Prüfung ist eine wirtschaftliche Veranstaltung, die zwei einander diametral gegenüberstehenden Zielen gehorchen soll: sie soll möglichst wenig kosten, und sie soll möglichst hohe

Entdeckungswahrscheinlichkeit bei Betrugsfällen bieten. Das Ergebnis ist wie immer in solchen Fällen ein mehr oder weniger schwacher Kompromiß.

Das heißt aber noch lange nicht, daß die inner- und außerbetrieblichen Ordnungs- und somit auch Geldhüter gegenüber betrügerischen Elementen in einer Firma ins Hintertreffen geraten müssen oder gar wehrlos sind. Die wissenschaftliche Theorie der Prüfung und Kontrolle hält ein ganzes Arsenal von Waffen bereit, um Unterschleif zu verhindern oder Defraudanten aufzudecken und ans Messer zu liefern. Das Problem ergibt sich daraus, daß diese von scharfem Intellekt geschmiedeten blitzenden Waffen im eintönigen Alltagstrott ausgeleiert und stumpf werden. Weniger malerisch: Wenn kein Anlaß zu Verdacht besteht, wächst die Gefahr, daß lasch kontrolliert und schlampig geprüft wird. Dazu kommt noch, daß laut praktischer Erfahrung die interne Kontrolle in keinem Unternehmen wirklich verläßlich funktioniert. Oft fristet sie als lästige, ja überflüssige Abteilung ein unbedanktes und unauffälliges Dasein, und sollten tatsächlich unterhalb der Geschäftsführung ein Mann oder auch mehrere Leute damit betraut sein, so haben sie in einem mittleren Unternehmen, wo jeder den anderen persönlich kennt, wo es gemeinsame Veranstaltungen gibt und Weihnachtsfeste, einen schweren Stand. Wo soll das kollegiale Verhältnis enden? Eine weitere Schwächung der Kontrollfunktion im eigenen Unternehmen ergibt sich aus dem Umstand, daß der mögliche Schaden aus einer Unterschlagung über den Daumen abgeschätzt und »einkalkuliert« wird. Wenn der mutmaßliche Schaden kleiner ist als die Kosten der Kontrollabteilung, setzt es dort Sparmaßnahmen. Das mag in Einzelfällen gutgehen, in anderen entsteht daraus ein Fall Lettmüller. Die Rechnung ist einfach: Mehr Sicherheit kostet mehr Geld, weniger Geld bringt höheres Risiko. Dabei ist die vorbeugende Verhinderung von Unterschlagungen eine der wirkungsvollsten Waffen im Kampf gegen den Betrug. Es ist leichter, in einer Firma von vornherein falsche Buchungen zu verhindern, als diese danach herauszufinden. Bei der Europapier ergab sich, nachträglich gesehen, folgende Situation: Der effizient arbeitende Buchhalter Lettmüller brauchte zur Verschleierung seiner Unterschlagungen pro Jahr höchstens hundert ordnungswidrige Buchungen. Insgesamt gab es bei der Europapier jährlich mehr als eine Million einzelne Buchungen, das heißt, auf das Konto Lettmüllers ging nur ein Zehntel Promille aller Kontenbewegungen! In Lettmüllers eigenem, einprägsamen Wortbild heißt das, daß man ein faules Ei aus zehntausend guten hätte herausfinden müssen ...

Die Europapier war eine Personengesellschaft und unterlag als solche nicht der aktienrechtlichen Pflichtprüfung. Die jährlichen Abschlußprüfungen, die bei der Europapier jeweils im Frühjahr durchgeführt wurden, waren also freiwillig. Als prüfende Gesellschaft hatte man die »Auxilia Treuhand GmbH« gewählt, und das mit gutem Grund. Diese Kanzlei ist eine der renommiertesten im Lande, Kunden der Auxilia, so erzählte Lettmüller vor Gericht, sind auch die »Casinos Austria AG« oder der Konzern des Privatindustriellen Karl Kahane. Lettmüller hatte also in seinem Spiel erfahrene Gegner und keineswegs irgendwelche Anfänger, was wiederum die Ernsthaftigkeit erklärt, mit der in der Treuhänderbranche die ganze Causa Lettmüller durchleuchtet wird. Immerhin kann man vermuten, daß die schmerzlichen Ereignisse in der Europapier der Auxilia für die Zukunft einen Erfahrungsvorsprung gesichert haben, was die Aufdeckung hochkarätiger Unterschlagungstechniken anlangt. Naturgemäß hat sich die Auxilia am intensivsten mit Lettmüllers sorgfältig inszenierten Betrügereien befaßt.

Auch andere haben wertvolles Wissen dazugewonnen. Universitätsprofessor Dr. Erich Loitlsberger, bei dem eine ganze Generation von Wirtschaftstreuhändern ihr Handwerk gelernt hat, zeigte sich tief beeindruckt: »An diesem Fall kann man unheimlich viel lernen. So wie dieser Mann vorgegangen ist, hätte er in jedem österreichischen Unternehmen unterschlagen können und wahrscheinlich auch im Ausland damit Erfolg gehabt, trotz der viel strengeren angelsächsischen Berufsgrundsätze für Wirtschaftsprüfer. Der Fall ist geeignet, die Grundsätze ordnungsmäßiger Buchprüfung weltweit zu verändern.«

Solche Worte dienen natürlich nicht dazu, die ob der Europapier-Katastrophe verunsicherten Prüfer, Manager und Unternehmer zu beruhigen. Gab es nun tatsächlich Schwachstellen in der Abschlußprüfung, und wenn ja, wo?

Der Prüfungsauftrag der Europapier

Grundsätzlich, und das ist trotz aller Diskussionen unbestritten, hatte die Europapier die Auxilia beauftragt, jeweils den Jahresabschluß zu prüfen. Eine Jahresabschlußprüfung ist keine Unterschlagungsprüfung, und für letztere gab es mangels irgendwelcher Verdachtsmomente auch gar keinen Grund.

Sinn der Abschlußprüfung ist es, grob gesagt, der Geschäftsführung und den Eigentümern zu bestätigen, daß die in den Jahresabschluß aufgenommenen Zahlen und Bewertungen im Rahmen der rechtlichen Vorschriften ein wahres Bild des Zustandes des Unternehmens widerspiegeln. Wie es dem Verhalten ehrbarer Kaufleute entspricht – und dieses Verhalten beruht auf alten, tradierten Regeln –, muß ein ordnungsmäßiger Jahresabschluß auch gegenüber einem außenstehenden Dritten dieses wahre Bild vermitteln können.

Eine Reihe von Grundsätzen, die sich im Laufe der jahrhundertealten Geschichte der Kaufleute herausgebildet haben, sorgt dafür, daß der ordnungsmäßige Jahresabschluß den genannten Anforderungen genügt.

○ Der Grundsatz der Bilanzwahrheit. Er fordert, daß der Abschluß im Sinne der gesetzlichen Vorschriften wahr ist.

○ Der Grundsatz der Bilanzklarheit. Der Abschluß muß klar und übersichtlich gegliedert sein, also formal richtig sein.

○ Der Grundsatz der Bilanzkontinuität. Er besagt, daß einmal angewandte Bewertungsgrundsätze nicht geändert werden und formell die Gliederung der Bilanz beibehalten wird.

○ Der Grundsatz der Bilanzvorsicht. Der Kaufmann darf sich optisch nicht reicher machen, als er ist (vor allem gegenüber dem außenstehenden Dritten)! Drohende Verluste muß er als solche verbuchen, noch nicht realisierte Gewinne dürfen in die Buchhaltung nicht eingehen.

Die Bilanz kann aber auch unter Berücksichtigung dieser Bilanzierungsgrundsätze nur dann ordnungsgemäß sein, wenn schon vorher während des Jahres die »Grundsätze ordnungsmäßiger Buchführung« eingehalten wurden. Es sind dies formelle Vorschriften, die sicherstellen sollen, daß die Buchhaltung stimmt, aus der ja dann die Bilanz entwickelt wird. Dank Lettmüller stimmte sie bei der Europapier natürlich nicht.

Die Vorschriften zur ordnungsmäßigen Buchführung fordern:

○ Keine Buchung ohne Beleg

○ Die Buchungen müssen zeitgerecht erfolgen

○ Die Buchungen müssen sachlich und zeitlich korrekt zugeordnet werden, also auf den dafür vorgesehenen Konten. Lettmüller machte das Gegenteil.

○ Die Buchungen müssen in »angemessener Frist« nachvollziehbar sein. Bei einer Kontrolle sollten innerhalb von zwei bis drei Tagen die entsprechenden Belege vorgelegt werden können.

Die Wirtschaftsprüfer haben also die Einhaltung der gesetzlichen Vorschriften und der Grundsätze der ordnungsmäßigen Abschlußprüfung zu kontrollieren. Dazu kommen noch die »Empfehlungen der Kammer der Wirtschaftstreuhänder«, die angeben, wie was zu prüfen sei. Hält sich ein Wirtschaftsprüfer an diese Empfehlungen, so hat er die – widerlegbare – Vermutung für sich, daß er ordnungsgemäß geprüft hat.

Dies ist der Rahmen, in dem sich die Wirtschaftsprüfer bei der Abschlußprüfung bewegen, und so war es auch bei der Europapier.

Prüfungsnetze für den Fehlerfang

Wie gesagt, ist die Wahrscheinlichkeit sehr gering, bei der Prüfung einzelner Buchungsvorgänge auf gefälschte Buchungen zu stoßen. Bei der Europapier lag diese Wahrscheinlichkeit aufgrund der geringen Anzahl der Verschleierungsbuchungen bei 1 : 10 000, also so gut wie Null. Die Buchprüfer nehmen also andere Pfeile aus dem Köcher, wenn sie zwei oder drei Wochen lang die Firma auf den Kopf stellen. Ordnung ist das halbe Leben und bei einer Abschlußprüfung der halbe Erfolg. Die Prüfer gehen also systematisch nach einem Schema vor, das mit möglichst wenig Aufwand möglichst sichere Resultate liefern soll.

Die Netze, die die Prüfer auswerfen, sollten ein möglichst weites Gebiet im zu prüfenden Unternehmen abdecken, und meist bleibt auch der eine oder andere kapitale Fang darin hängen.

Das Prüfungsnetzwerk wird folgendermaßen geknüpft:

O Der erste Schritt ist die Prüfungsplanung. Es geht dabei darum, wer was wie prüfen soll. Die diesbezügliche Empfehlung der Kammer der Wirtschaftstreuhänder vermeldet im »Fachgutachten Nr. 53« folgendes:

»Die ordnungsmäßige Durchführung der Prüfung erfordert eine Planung in zeitlicher, persönlicher und sachlicher Hinsicht und beim Einsatz von Mitarbeitern eine angemessene Beaufsichtigung des Prüfungsablaufes.« Weiters fordern die Fachgutachter »nach Möglichkeit die Prüfung des internen Kontrollsystems (also der firmeninternen Kontrolle) im Rahmen einer Zwischenprüfung vor Beendigung des Geschäftsjahres«. Diese Prüfung sollte also vor der eigentlichen Abschlußprüfung erfolgen. Ein Rat, der im Fall Lettmüller ungeahnte Aktualität erhalten sollte.

O Der zweite Schwerpunkt ist die Systemprüfung, bei der unter anderem die firmeninterne Organisation des Rechnungswesens und der internen Kontrolle unter die Lupe genommen werden. Bei der mittlerweile weitverbreiteten elektronischen Speicherbuchführung handelt es sich um ein Buchführungssystem, bei dem die verarbeiteten Daten nicht mehr fortlaufend ausgedruckt werden, sondern nur noch Monats- oder Jahressalden optisch lesbar vorliegen – ein wichtiges und lohnendes Feld für die Prüfer.

O Eine besonders scharfe Waffe der Prüfer ist der Kennzahlenvergleich. Dabei werden Vergleichszahlen früheren Jahresabschlüssen gegenübergestellt und Veränderungen geprüft. Deutliche Abweichungen von der bisherigen Entwicklung sind Anlaß, dort genauer Nachschau zu halten. Drei Arten von Kennzahlen dienen den Prüfern dazu, gezielt Prüfungsschwerpunkte zu setzen: Zeitvergleiche, Strukturvergleiche und Wirtschaftlichkeitsvergleiche.

O Schließlich werden stichprobenartig einzelne Geschäftsfälle und deren Verbuchung analysiert. Bei dieser direkten Prüfung wird entweder retrograd – von der Bilanz über die Buchhaltung zurück zum Beleg – oder progressiv – vom Geschäftsfall über den Beleg, Buchhaltung bis zur Bilanz – die Entwicklung verfolgt. Beide Methoden bieten unterschiedliche Ergebnisse. Die retrograde Prüfung von der Bilanz zurück bringt Einbuchungen zutage, denen gar kein Geschäftsfall zugrundeliegt, die sogenannten Luftbuchungen. Die progressive Methode vom Beleg Richtung Bilanz deckt Nichtverbuchungen auf.

Ausgestattet mit diesen grundsätzlichen Informationen läßt sich nun das spannende Duell zwischen Franz Lettmüller einerseits und den Prüfern auf der anderen Seite verfolgen. Auf der einen Seite ein talentierter Betrüger, der unter den Augen von nichtsahnenden Geschäftsführern und Prüfern ein höchst modernes Konzept buchhalterischer »Kriegsführung« gegen das eigene Unternehmen durchzog. Auf der anderen Seite die gutgeschulten, mit den Waffen der Wirtschaftsprüfung hochgerüsteten Prüfer und internen Kontrollore. Die »Kriegsberichterstattung« übernehmen auf der einen Seite die Theoretiker und auf der anderen Seite die Praktiker, die die Ereignisse vom jeweiligen Standpunkt aus kommentieren.

Prüfungsplanung bei der Europapier

Schon bei der Prüfungsplanung setzt die Diskussion zwischen der Theorie – den wissenschaftlichen Gutachtern – und der Praxis, verkörpert durch die betroffenen Wirtschaftsprüfer, die teilweise Rückendeckung im Kollegenkreis finden, an. Die erste Meinungsverschiedenheit entzündete sich an der Frage, ob die Umsatzsteuerabstimmung überhaupt zum Prüfungsgebiet gehört hatte oder nicht. Hinter dieser Frage tickt die erste Bombe, denn wie ausgeführt, war ja der Bereich Vorsteuern und Mehrwertsteuer in Lettmüllers Macht- und Kompetenzbereich und wurde von ihm auch entsprechend mißbraucht. Der Prüfungsleiter der Auxilia sagte vor Gericht als Zeuge aus, daß die Arbeiten für die Umsatzsteuererklärung von der Europapier durchzuführen waren.

Aus dem Schriftverkehr zwischen Auxilia und Europapier geht hervor, daß seit 1978 sämtliche mit der Erstellung der Jahresumsatzsteuererklärung zusammenhängenden Erfassungs- und Abstimmungsarbeiten von der Europapier selbst übernommen werden sollten. Im konkreten Fall also vor allem von Lettmüller, der sich diesen Arbeiten ja wirklich intensiv, wenn auch in seinem Sinne, widmete.

Was sagt die Theorie dazu? Die Theorie zitiert das Fachgutachten Nr. 56 des Fachsenates für Aktienrecht und Revision der Kammer der Wirtschaftstreuhänder:

»Es darf im Prüfbericht nicht der Eindruck erweckt werden, daß ungeprüft gebliebene Teilbereiche geprüft wurden. Wenn wichtige Teilbereiche nicht geprüft werden konnten, ist dies – wenn es für das Prüfungsergebnis von Bedeutung sein kann – im Prüfungsbericht ausdrücklich zu erwähnen.«

Formell bedeutet das, daß der fehlende Vermerk im Prüfbericht geeignet sein könnte, Dritte über den tatsächlichen Umfang der Prüfung zu täuschen. Materiell ergibt sich schlicht, daß ein wichtiger Teilbereich, in dem Lettmüller seinen Buchungsschwindel betrieb, von vornherein zumindest nicht Schwerpunkt einer Prüfung sein konnte. Lettmüller dürfte das gewußt haben und nutzte frohgemut diesen für ihn so vorteilhaften Umstand.

Dazu die Stellungnahme der Praktiker: Ihrer Ansicht nach war der Prüfungsauftrag gar nicht eingeschränkt, weshalb auch das Fachgutachten Nr. 56 nicht verletzt worden sei. Es habe lediglich eine Arbeitsteilung bei den Arbeiten für die Erstellung der Steuererklärungen gegeben. Die Europapier machte die Umsatzsteuererklärung, die Auxilia alle anderen. So schrieb die Auxilia im Oktober 1983 an die Europapier: »Die Umsatzsteuererklärung für 1982 wird, wie in den Vorjahren, von Herrn Lettmüller erstellt werden.«

Eine wertvolle Erkenntnis ergibt sich aus dem Fall Lettmüller für alle, die in der Wirtschaftsprüferbranche tätig sind. Es kommt zwar äußerst selten vor, daß eine durchgeführte Prüfung im nachhinein so zerpflückt und analysiert wird, wie es bei den Prüfungen der Europapier später der Fall sein sollte. Wenn aber einmal wirklich was passiert, dann ist jede Unterlage, die über die Planung und Durchführung der Prüfung Auskunft gibt, Goldes wert. Die bürokratische Zettelwirtschaft, das schriftliche Festhalten jedes einzelnen Prüfungsschrittes von der Planung bis zum Prüfbericht, mag lästig sein. Im Fall des Falles ersetzt eine gute, vollständige Dokumentation zeitraubendes Erinnernmüssen und mühsame Argumentation.

Welche Schwerpunkte hatte sich die Prüfungskanzlei in den einzelnen Jahren für die Durchforstung der Europapier gesetzt?

1981: Anlagevermögen, Vorräte, Kundenforderungen

1982: Anlagevermögen, Vorräte, Kundenforderungen

1983: Zahlungsverkehr (Kassa, Banken, Wechsel, Schecks), Personalaufwendungen (Brutto- und Nettolohnabrechnung, Lohnauszahlung, Urlaubsverrechnung)

1984: Wareneinkauf, Warenbewegung (Vorrat und Bewertung), Lieferanten

1985: Sach- und Finanzanlagevermögen, Rückstellungen für Sozialkapital, schwebende Geschäfte, Gewährleistung, Haftungen und Bürgschaften, Prozesse und langfristige Lieferverträge.

Die Theorie vermerkt dazu kritisch, daß der Prüfung des internen Kontrollsystems (IKS) zuwenig Augenmerk geschenkt wurde. Der Praktiker mag dem entgegenhalten, daß im nachhinein, in Kenntnis der eingetretenen Ereignisse, natürlich leichter gesagt werden kann: »Hätten Sie lieber das IKS geprüft.« Freilich wurde das Kontrollsystem immer wieder in Teilbereichen durchleuchtet. Auf Lettmüller ist man dabei allerdings nicht gestoßen. Dazu mehr im folgenden Kapitel über die Systemprüfung, das zweite Fehlerfangnetz der Prüfer.

Systemprüfung — Gefahr für Lettmüller

Die Anzahl der Datensätze, die jährlich bei der Europapier anfielen, ist gigantisch. In der Buchhaltung waren es rund 700 000, ohne Kopf- und Summensätze. Im Grundjournal sammelte sich etwa eine Million Buchungssätze an mit 350 000 Belegsätzen. Der Seitenumfang von Buchhaltung und Grundjournal war jeweils 30 000 Seiten stark. Unter diesen Umständen war eine elektronische Speicherbuchführung für die Europapier nicht nur erlaubt, sie war notwendig. Für die Prüfer ein weites Feld, um ihrer anspruchsvollen Tätigkeit der Fehlersuche nachzugehen und zu prüfen, ob bei dem von der Europapier gewählten System die Grundsätze ordnungsmäßiger Buchführung und ordnungsmäßigen Jahresabschlusses eingehalten wurden. Genau dies ist der Kern der Systemprüfung.
Was haben die Prüfer, wenn sie ordnungsgemäß vorgehen, im einzelnen zu prüfen? Literatur und Praxis zählen drei Bereiche auf, die es zu untersuchen gilt:
1. die Prüfung des gesamtbetrieblichen internen Kontrollsystems;
2. die Prüfung des internen Kontrollsystems der Buchführung;
3. die Prüfung der Funktionentrennung zwischen Buchführung und anderen Funktionen, besonders Zahlungsverkehr und Datenverarbeitung. Im Klartext, es soll si-

chergestellt werden, daß der Buchhalter, wie es die Theorie erfordert, nicht auch an der Geldquelle, dem Zahlungsverkehr, sitzt.

Das gesamtbetriebliche interne Kontrollsystem

Das IKS umfaßt alle organisatorischen Maßnahmen, die ein Unternehmen setzt, um die Einhaltung der Geschäftspolitik zu gewährleisten und das Unternehmensvermögen zu sichern. Besonders geht es dabei darum, daß gleiche Sachverhalte, die von verschiedenen Personen bearbeitet werden, durch eindeutig festgelegte Ablaufregelungen einheitlich behandelt werden. Jede Nichteinhaltung des gewählten Ablaufschemas stellt eine Störung dar und muß der Kontrollinstanz gemeldet werden.

Um diese Ziele zu erreichen, muß das gesamtbetriebliche IKS vor allem die Grundsätze der Funktionentrennung und der Kontrolle verwirklichen. Unvereinbare Funktionen dürfen nicht in einer Person vereinigt werden. Unvereinbar sind in diesem Sinn etwa Einkauf oder Verkauf mit der verbuchenden Tätigkeit und diese wiederum mit verwaltenden Funktionen wie Kassenführung und Lagerverwaltung.

Die Kontrolle besteht darin, daß die zu kontrollierende Tätigkeit mit den Ergebnissen einer anderen Tätigkeit verglichen wird. So werden zum Beispiel die der Buchhaltung übergebenen Belege vorher aufaddiert und die Summe mit der täglichen Journalsumme verglichen. Oder es werden Eingangsrechnungen von Lieferanten doppelt verlangt, ein Exemplar wird auf einem Lieferantensammelkonto in der Hauptbuchhaltung und das zweite in der Kreditorenbuchführung auf dem Konto des betreffenden Lieferanten verbucht. Der jederzeit mögliche Vergleich zeigt dann sofort etwa getätigte Fehlbuchungen auf.

142

Zu den automatischen Kontrollen gehört auch das »Vieraugenprinzip«, demzufolge auf einem Beleg wie Schecks oder Überweisungsaufträgen immer mindestens zwei Leute ihre Unterschrift leisten müssen.

Der bei der Europapier allgemein bekannte Grundsatz, daß keine Barschecks ausgestellt werden dürfen, gehört ebenfalls in den Bereich der automatischen Kontrollen. Gefruchtet hat diese Vorschrift aber nicht sehr viel, denn die Barschecks waren ja Lettmüllers Haupteinnahmequelle.

Die schönsten Vorschriften nützen wenig, wenn ihre Einhaltung nicht überprüft wird. Zu diesem Behufe sollten Fehlerprotokolle geführt werden, eine Aufzeichnungspflicht für Beanstandungen, die dann der Kontrollinstanz gemeldet werden müssen. Der in der Theorie und Praxis versierte Beobachter hat Grund zur Klage: »In der Praxis sind derartige Bestimmungen leider nur selten anzutreffen, wodurch auch die Wirkungsweise des gesamtbetrieblichen IKS nur schwer überprüfbar ist.«

Logischerweise sind Bereiche, wo das gesamtbetriebliche IKS offenbar Schwachstellen aufweist, besonders genau zu prüfen. Es ist dies eine der Maschen in den Netzen von Prüfung und interner Kontrolle, durch die Lettmüller ungesehen schlüpfen konnte. Dabei darf noch einmal an die grundsätzliche Situation des Defraudanten erinnert werden: Jeder seiner Sinne ist darauf ausgerichtet, nicht erwischt zu werden. Kontrolle und Prüfung dagegen sind im Normalfall längst nicht so konzentriert mit der Aufdeckung der Schandtaten befaßt – sie wissen ja weder von den Unterschlagungen noch von der Existenz des Betrügers.

So nahm die Auxilia im Rahmen ihrer Überprüfung des gesamtbetrieblichen IKS befriedigt zur Kenntnis, daß etwa bei den Schecks das Vieraugenprinzip gewahrt war, weil Lettmüller, nachdem er selbst den Scheck unterzeichnet hatte, diesen zur Zweitunterschrift seinem ihm vorgesetzten Finanzdirektor vorlegen mußte. Der Fehler im System war, daß Lettmüller diesen Scheck nie wieder hätte zurückerhalten dürfen, er hätte von einem Dritten bearbeitet werden müssen. Wie das im betrieblichen Alltag gehandhabt wird, mag ein betroffener Leser selbst beurteilen. Tatsache ist, daß die meisten Wirtschaftsprüfer in Österreich die Prüfung positionsweise planen und bei der Prüfungsplanung nicht von einer Untersuchung des IKS ausgehen, ja zumeist wird der Zustand des IKS gar nicht erhoben.

Der Widerspruch zwischen dem üblichen Vorgehen der Mehrheit der Wirtschaftsprüfer in der Praxis und dem theoretisch untermauerten strengen Begriff der ordnungsmäßigen Abschlußprüfung mit den dort geforderten rigoroseren Prüfungshandlungen wird in der Folge bei der Untersuchung der bei der Europapier gemachten Prüfungsschritte noch öfter auftreten.

Es gab also bei der Europapier zwar ein gesamtbetriebliches internes Kontrollsystem mit den entsprechenden Vorschriften und Weisungen – aber wurden die auch eingehalten? Dies zu prüfen wäre eine weitere Aufgabe der Wirtschaftsprüfer gewesen. Im Streit um diesen Punkt gesteht selbst der »Theoretiker« den Prüfern zu, vor einer schwierigen Situation gestanden zu sein. Unterlagen, aus denen die Wirksamkeit des IKS hervorgegangen wäre – Fehlerprotokolle, Beanstandungsnotizen –, gab es bei der Europapier gar nicht. Die Prüfer hätten also selbst in langwierigen Untersuchungen die Wirksamkeit des IKS durchleuchten müssen. Das war im gewohnten Zeitrahmen der Prüfung und auch im Honorar nicht drin. Hinweis des Theoretikers: Zumindest hätten die Prüfer die Geschäftsführung auf die Schwachpunkte aufmerksam machen können, wenn ihnen solche aufgefallen wären, und dazu gleich mitteilen dürfen, daß eine weitere Prüfung eben teurer wird, wenn das gewünscht wäre. Aber abgesehen davon ist es natürlich die alleinige Aufgabe der Geschäftsführung, ein funktionierendes IKS einzurichten und auf die Effizienz zu achten – es geht ja um das Geld der Firma und, im Fall Lettmüller, um die eigene Position als Geschäftsführer, die mit der Kündigung dann auch verloren war.

Damit das gesamtbetriebliche IKS wirksam werden kann, muß noch ein weiteres Feld vom IKS abgedeckt werden, die Entstehung der Belege. Die Grundsätze ordnungsmäßiger Buchführung verlangen, daß zu jedem Beleg eine Buchung gehört und ohne Beleg keine Buchung durchgeführt werden darf. Belege müssen eine bestimmte Form haben (Unterschrift zur Zuordnung der Verantwortung, eventuell Farbe) und müssen im Unternehmen einen vorgeschriebenen Weg gehen. Problematisch wird es, wenn solche Belege im Unternehmen selbst entstehen, etwa bei Stornierungen oder Umbuchungen. Dann ist es besonders wichtig, daß der Grundsatz der Funktionentrennung eingehalten wird: Ein Beleg darf nicht von demjenigen ausgestellt werden, der ihn verbuchen soll. Damit diese Vorschrift auch wirklich greift, müssen organisatorische Maßnahmen eingeleitet werden, die die Einhaltung sicherstellen. Es genügt also nicht, den Belegfluß vorzuschreiben, sondern es muß Sorge dafür getragen werden, daß etwa in der Buchhaltung ein Beleg, der von einem Unzuständigen unterfertigt oder ausgestellt wurde, nicht zur Verbuchung angenommen wird. Darüber hinaus muß der Vorfall gemeldet werden (Fehlerprotokoll!).

Auch hier sind Theorie und Praxis im Alltag meist zweierlei.

Bei der Europapier wurden die Scheckbewegungen nach Lettmüllers Anweisungen von den Mitarbeitern der Buchhaltung auf die einzelnen Konten verbucht. Später hat er dann die nötigen Verschleierungsverbuchungen selbst vorgenommen. Da Lettmüller also selbst die Anweisungen für die Buchungen an seine Mitarbeiter gab, war der Grundsatz der Funktionentrennung verletzt, die Buchungen wurden ja nicht aufgrund ordnungsmäßiger Belege vorgenommen. Lettmüllers Untergebene, die nach der Theorie diese Anweisungen hätten gar nicht befolgen dürfen, wußten davon vermutlich gar nichts, bei der Europapier fehlten entsprechende Vorschriften. Das ist im nachhinein bedauerlich, aber nicht ungewöhnlich. Österreichweit sind solche Arbeitsanweisungen, die die Funktionentrennung sicherstellen sollen, sehr selten. Tatsächlich ist der Finanzchef zumeist sowohl weisungs- als auch buchungsberechtigt, und ihm untersteht auch die Buchhaltung.

Fallen im bücherlichen Kontrollsystem

Damit in der Buchhaltung alles seinen geordneten Gang nimmt, müssen alle Belege vollständig, richtig und zeitnah verbucht werden. Um sicher zu sein, daß alle Belege verbucht werden, stimmen die Buchprüfer fünf wichtige Summen ab, die sich aus der doppelten Buchhaltung ergeben. Es müssen nämlich die Summe aller Belege (Summe 1) mit der Journalendsumme Soll (Summe 2) und der Journalendsumme Haben (Summe 3) und diese drei Summen mit der Summe aller Konten (Summenbilanz) Soll (Summe 4) und der Summenbilanz Haben (Summe 5) übereinstimmen. Stimmt die Summe der Belege nicht mit den anderen vier Summen überein, dann sind entweder nicht alle Belege verbucht worden, oder es wurden Buchungen durchgeführt, für die es keine Belege gibt. Diese Prüfungsmethode ist vor allem bei der Speicherbuchführung wichtig, wo ja der Konteninhalt optisch nicht mehr lesbar ist. Hiefür hat die Kammer der Wirtschaftstreuhänder das Fachgutachten Nr. 58 maßgeschneidert, dort steht:

»Liegen optisch lesbare Erfassungsprotokolle nicht vor, dann ist die Buchung eines Geschäftsfalls erst erfolgt, wenn die Buchungsdaten – ausreichend gegen Verlust gesichert – auf Bändern oder Platten erfaßt sind und durch geeignete Abstimmungsmaßnahmen die richtige und vollständige Erfassung der aufzeichnungspflichtigen Daten auf diesen Datenträgern gewährleistet ist.«

Wie gehabt, spricht die Literatur hier eine andere Sprache als die Praxis. Die Summe aller Belege wird in den meisten Betrieben nicht gesondert ermittelt. Es gibt allerdings das Instrument der »Vollständigkeitserklärung«, wobei die Geschäftsführung den Prüfern bestätigt, daß alle Belege ordnungsgemäß verbucht sind und keine ausgelassen wurden. Die Geschäftsführung weiß aber natürlich auch nur, was ihr die Buchhaltung sagt, und das heißt noch nicht, daß tatsächlich alle Geschäftsfälle und Belege verbucht worden sind.

Bei der Europapier gab es keine Erfassung der Belegsummen. Der Kritiker merkt aus der Sicht der Theorie dazu an, daß eine Geschäftsführung, die etwa frisierte Bilanzen legt, kühl auch eine falsche Vollständigkeitserklärung abgeben wird.

Was sagt die Praxis? Die Mehrzahl der Betriebe ermittelt die Belegsummen nicht, die Mehrzahl der österreichischen Wirtschaftsprüfer verlangt sie auch nicht! Dazu die Theorie, grausam, aber gerecht: Wenn die Mehrzahl der Prüfer diese Summen nicht ermitteln läßt, dann heißt das nur, daß eben diese Mehrzahl der Prüfer keine Gewähr hat, daß alle Belege verbucht werden. Und das wiederum würde bedeuten, daß die Mehrzahl der heimischen Wirtschaftsprüfer schlicht und trocken nicht ordnungsgemäß prüft ...

Das ist zweifellos eine harte Nuß, die Prüfern und Un-

ternehmern noch einiges zu denken aufgeben wird!
Ein weiterer wichtiger Punkt bei der Prüfung ist die Frage,
ob gesichert ist, daß richtig verbucht wurde und wie man
das kontrolliert. Die Europapier verwendete ein Software-
paket des Weltkonzerns IBM, das zwei Eigenheiten hat,
die dem Kritiker aus der Theorie zutiefst mißfallen. Erstens bietet es die Möglichkeit von Minus-Buchungen,
und zweitens bietet es die Möglichkeit, im Buchungstext
andere Gegenkonten anzusprechen als jene, die tatsächlich bebucht werden. Obendrein gestattet dieses Pro-
gramm die von Lettmüller so virtuos gehandhabten Split-
Buchungen.

Die Tücke von seitengleichen »Minus-Buchungen« liegt
darin, daß auf den bei Speicherbuchführungen ausge-
druckten Listen nicht nur der Saldo eines Kontos, sondern
auch die Bewegungssummen Null ausmachen, wodurch
der Eindruck entsteht, daß auf diesem Konto überhaupt
keine Bewegung stattgefunden hat, obwohl das Gegenteil
der Fall ist.

Dazu die Meinung der Praktiker: Derartige Programme
seien durchaus üblich. Dieses Argument ist sicher zutref-
fend. Die Programmierer von Buchhaltungsprogrammen
gehen generell von einem »ehrlichen Buchhalter« aus,
und dem soll mit den genannten Vorkehrungen die Arbeit
erleichtert und beschleunigt werden.

Kritik des Theoretikers: Mit den Grundsätzen ordnungsmäßiger Buchführung stimmen solche Möglichkeiten
trotzdem nicht überein.

Aus den zuletzt gezeigten Beispielen wird die Situation
der prüfenden Kanzlei Auxilia bei der Europapier klar.
Natürlich haben sie geprüft, und was sie in der internen
Organisation vorgefunden haben, war nichts anderes, als
was landauf, landab in den meisten Fällen üblich ist. Die
Frage, ob Berufsgrundsätze verletzt wurden, kann hier
nicht beantwortet werden. Wenn ja, dann verletzt auch

die Mehrzahl der Wirtschaftsprüfer die Grundsätze ihres Berufes. Sicher ist nur, daß man dem Lettmüller nicht auf die Schliche gekommen ist. Das heißt aber noch lange nicht, daß man den Kontenakrobaten Lettmüller unbedingt hätte erwischen müssen, wenn man auch die strengsten Grundsätze ordnungsmäßiger Abschlußprüfung eingehalten hätte. Lediglich die Wahrscheinlichkeit wäre wohl höher gewesen, und Lettmüller hätte es etwas weniger leicht gehabt.

Mehrere Funktionen – ein Betrug

Eine der Voraussetzungen für Lettmüllers spektakuläre »Erfolge« war seine nahezu artistische Gewandtheit, mit der er mehrere unvereinbare Funktionen gleichzeitig ausübte, er tanzte gekonnt auf mehreren Kirtagen zugleich. Wieso fiel das niemandem auf? Hätte es auffallen müssen? Bei einem System der Speicherbuchführung, wie es bei der Europapier eingesetzt war, kommt der Verhinderung von Buchungen, denen kein ordnungsmäßiger Beleg zugrunde liegt, entscheidende Bedeutung zu. Wichtigste Maßnahme dafür ist die strenge Funktionentrennung zwischen Buchhaltung und Datenverarbeitung. Um sicherzustellen, daß alle von der Buchhaltung an die Datenverarbeitungsstelle übergebenen Daten einerseits und andererseits ausschließlich nur die von der Buchhaltung übergebenen Daten und keine anderen in das Kontensystem der Buchhaltung eingegeben werden, ist es notwendig, die Übergabe der Daten in Übergabe- beziehungsweise Übernahmeprotokollen festzuhalten. Mit Hilfe dieser Übergangsprotokolle können dann die erforderlichen Abstimmungssummen gebildet werden. Die eingegangenen Belege müssen laufend numeriert werden.

Wie war das bei der Europapier? Bei der Europapier bestand eine solche strenge Trennung zwischen Buchhaltung und Datenverarbeitung. Das war der Auxilia, die ja seit vielen Jahren die Europapier prüfte, bekannt. Deshalb wurde dieser Aspekt auch nicht eigens geprüft. Die Praxis zeigt, daß diese Funktionentrennung als selbstverständlich vorausgesetzt wird und von den meisten Wirtschaftsprüfern auch nicht gesondert geprüft wird.

Ein Standardbeispiel für jeden werdenden Wirtschaftsprüfer ist die Unvereinbarkeit zwischen Buchhaltung und Zahlungsverkehr. Wer mit der einen Hand Zugriff zu den Konten hat, darf nicht mit der anderen Hand in die Kasse langen können. Die Überprüfung genau dieser Funktionentrennung bildete für die Abschlußprüfung 1983 einen Prüfungsschwerpunkt. Die Prüfer kamen zu folgendem Ergebnis:

»Bankenverbuchung: Mitarbeiter der Buchhaltung – keine Zeichnungsberechtigung. Lettmüller: kann buchen und hat Zeichnungsberechtigung, aber nicht allein, immer zwei Unterschriften (zwei Zeichnungsgruppen).«

Aus der Sicht der Theorie ergibt sich folgender Sachverhalt: Lettmüller konnte als Leiter des Rechnungswesens nicht nur »Anweisungen« für Buchungen geben, sondern auch selbst buchen und war gleichzeitig bankzeichnungsberechtigt. Ein klarer Fall von Vereinigung unvereinbarer Funktionen in einer Person.

Aus der Sicht der Prüfer stellt sich das Problem ganz anders dar. Erstens war Lettmüller nicht allein zeichnungsberechtigt, im Sinne des Vieraugenprinzips mußte ein zweiter, ein Vorgesetzter, die zweite Unterschrift leisten. Zweitens, so das Ergebnis der Auxilia-Prüfung, durfte Lettmüller zwar bankmäßig unterzeichnen, aber keine Bankbuchungen vornehmen, womit die Funktionentrennung gegeben war. Innerhalb der Buchhaltungsabteilung wurde die Verbuchung von Bankbewegungen von Mitarbeitern durchgeführt, die nicht zeichnungsberechtigt waren. Von diesen Mitarbeitern wurden ja auch – unwissentlich – die unterschlagenen Schecks verbucht. Weiters wurden parallel zu den Buchhaltungsaufzeichnungen für sämtliche Bankkonten Liquiditätslisten geführt, auf welchen die Tagesbewegungen der einzelnen Bankkonten und deren tägliche Stände ersichtlich waren. (Es waren dies übrigens die von Lettmüller erstellten Liquiditätslisten, die später den Staatsanwalt zu dem Kompliment veranlaßten, man müsse von einer »imponierenden Leistung« Lettmüllers sprechen . . .)

Obendrein wurden bei der Postverteilung in der Europapier dem Geschäftsführer für das Finanz- und Rechnungswesen vor der Weitergabe an den Chef der Finanzbuchhaltung, Lettmüller, sämtliche Bankkontenauszüge vorgelegt. Bei einer stichprobenweise Überprüfung durch den Geschäftsführer wäre Lettmüller hochgegangen wie eine Rakete, aber auch diese Klippe umschiffte Lettmüller mit Glück.

Die Praxis ist wieder am Wort: Wie schon so oft festgestellt wurde, so deckt sich auch im Punkt der Funktionentrennung zwischen Buchhaltung und Zahlungsverkehr die Theorie keineswegs mit der im Alltag geübten Praxis, eher im Gegenteil. Der Finanzchef ist in der Regel auch der Leiter des Rechnungswesens, zumindest ist ihm dieses unterstellt. Diese Kombination wird um so verständlicher, wenn man in die heimischen Mittelbetriebe schaut. Kostenbewußt, wie es den ökonomischen Erfordernissen entspricht, wird durch die Verbindung dieser Funktionen in den Betrieben eine teure Verwaltungsstelle eingespart. Und wenn nicht wie bei der Europapier jemand diese Konstruktion rücksichtslos für eigene Zwecke ausnützt, bringt sie eine Reihe von Vorteilen: Vereinfachung und Beschleunigung der Verwaltungsabläufe und klare Zuordnung der Verantwortung.

Aber, wie die Theorie sagt, sind die Grundsätze ordnungs-mäßiger Buchhaltung und Buchprüfung keine Frage der statistischen Häufigkeit, wie was in der Praxis gehandhabt wird.

Schwer zu widerlegen ist das Argument, daß die Zeich-nungsberechtigung für den Buchhaltungschef, der ja die erste Unterschrift leistet, Mißbrauch begünstigt. Erfah-rungsgemäß wird eine zweite Unterschrift leichter und unüberlegter geleistet, wenn schon jemand anderer unter-schrieben hat. Diesen psychologischen Vorteil hat Lett-müller vollauf genutzt.

Lettmüller schlüpft durch die Maschen der Kennzahlenprüfung

Ein fundamentaler Teil des Alarmsystems in Unterneh-men und für Prüfer sind die Kennzahlen und deren Prü-fung. Mit Hilfe der Kennzahlen werden Abweichungen in der mittel- bis langfristigen Entwicklung eines Unterneh-mens festgestellt, und solche Abweichungen sind immer ein Grund, daß die Alarmglocken zu schrillen beginnen.

Bei den Zeitvergleichen werden die einzelnen Positionen der Bilanz und der Gewinn- und Verlustrechnung mit den Vorjahrespositionen und auch mit weiter zurückliegenden Jahren in Form einer Zeitreihe verglichen.

Bei den Strukturvergleichen werden die einzelnen Positio-nen der Bilanz und der Gewinn- und Verlustrechnung in Prozente der Bilanzsumme oder der Gewinn- und Verlust-rechnung umgerechnet und deren Veränderung festge-stellt. Wichtige diesbezügliche Kennzahlen sind das Ver-hältnis Anlage- zu Umlaufvermögen und Eigen- zu Fremd-kapital.

Die dritte Art von Kennzahlen sind die Wirtschaftlich-keitskennzahlen wie das Verhältnis der Erträge zum Aufwand. Weitere wichtige Kennzahlen: Gewinn zu Erlös (die Umsatzrentabilität) und Wareneinsatz zu Erlös sowie Personalaufwand zu Erlös (Personalaufwandsbelastung des Umsatzes). Diese Kennzahlen ermöglichen nicht nur zwischenbetriebliche Vergleiche, sondern auch eine Kontrolle der Plausibilität der Abschlußpositionen.

Die Wirtschaftsprüfer der Europapier haben sich der Methode der Kennzahlenprüfung ausgiebig bedient. Sie erarbeiteten regelmäßig Kennzahlen und stellten die erforderlichen Vergleiche an. Und was kam dabei heraus? Die Kennzahlen zeigten keine Schwankungen, die so auffallend waren, daß daraus auf Unregelmäßigkeiten hätte geschlossen werden müssen. In Abschnitt 3 wurde unter dem Kapitel »Wareneinsatz« die Entwicklung der Kennzahl »Wareneinsatz zu Bruttoerlös« dargestellt. Obwohl Lettmüller allein beim Wareneinsatz 51 Millionen Schilling an unterschlagenen Geldern untergebracht hat, schwankte die Kennzahl zwischen 1976 und 1985 nur um Zehntelprozente, somit war kein Grund zu besonderer Aufregung gegeben.

Umsatzbelastungskennzahlen wurden von der Auxilia nicht vordringlich errechnet. Solche Kennzahlen hätten angesichts der riesigen Beträge, die die Umsätze der Europapier ausmachten, Lettmüllers Entnahmen wohl auch nicht bloßgelegt. Aber vielleicht wäre er zu mehr Vorsicht bei seinen Entnahmen gezwungen gewesen.

Gerade beim Wareneinsatz waren die Prüfer der Auxilia besonders rührig gewesen. Wie schon erwähnt, waren die Leute der Prüfungskanzlei auch keine Anfänger, und sie wußten natürlich um die Gefahr der indirekten Ermittlung des Wareneinsatzes und die Chancen, die sich daraus für einen – damals rein theoretischen – Schwindler ergeben könnten. Die Ergebnisse der Prüfung, die auch der Geschäftsführung der Europapier mitgeteilt wurden, haben sicherlich dazu beigetragen, daß Lettmüller diese so sichere Variante der Verschleierung seiner Unterschlagungen überdenken mußte und auf andere Varianten umstieg. Hätte er nicht befürchten müssen, in die Fallstricke der Prüfer zu laufen, er hätte getrost seine gesamten Unterschlagungen in Wareneinsatz verstecken können. Und dort wären sie bis heute nicht entdeckt worden.

Die Prüfer checken einzelne Geschäftsfälle

Die letzte Waffe im Arsenal der Wirtschaftsprüfung ist die Überprüfung einzelner bestimmter Geschäftsfälle, die direkte Prüfung. Welche Geschäftsfälle untersucht werden, wird mittels eines Stichprobenverfahrens bestimmt. Solche Stichproben können nach Ermessen der Prüfer gezogen werden, wobei es auch hier verschiedene Methoden gibt. Bei der Konzentrationsauswahl werden jene – wenigen – Geschäftsfälle geprüft, die summenmäßig den größten Teil der Positionen ausmachen. Bei der Auswahl der atypischen Geschäftsfälle werden jene geprüft, die nicht regelmäßig vorkommen. Erfahrungsgemäß passieren dort überdurchschnittlich oft Falschbuchungen. Schließlich gibt es noch die »detektivische Methode«, die dann zum Einsatz kommt, wenn wegen der Schwachstellen im internen Kontrollsystem oder auch als Ergebnis der Kennzahlenprüfung eine nicht ordnungsmäßige Verbuchung von Geschäftsfällen vermutet wird.

Bei den Zufallsstichproben hat, nach einem Zufallssystem bei der Auswahl, jeder Geschäftsfall die gleiche Chance, einer Prüfung unterzogen zu werden. Grundsätzlich wird bei der direkten Prüfung immer Einsicht in den Beleg genommen (ist er ordnungsgemäß?) und in die Verbuchung. Schließlich wird geprüft, ob sich die aus den Grundsätzen ordnungsmäßiger Bilanzierung ergebende Verbuchung mit der tatsächlichen Bilanzierung deckt.

Es ist Übung, daß in einzelnen Fällen (je öfter, desto besser) über den Beleg hinausgegangen wird und der dem Beleg zugrundeliegende Sachverhalt überprüft wird (Wurzelstichprobe).

Die Prüfer der Europapier haben ausschließlich Ermessensstichproben zur Festlegung der zu prüfenden Geschäftsfälle gezogen, was weiter nicht kritisiert werden kann. Obendrein bedienten sie sich lieber der bereits beschriebenen retrograden Prüfungsmethode, also von der Bilanz zurück zum Beleg. Wenn auch ohne sichtbaren Erfolg in Anbetracht der Unterschlagungen, so war diese Methode grundsätzlich eher geeignet, solche Unterschlagungen aufzufinden. Lettmüller hat ja seine Unterschlagungen durch nicht stattgefundene Geschäftsfälle (Einkäufe!) verschleiert, und die sind durch die retrograde Methode aufzufinden und nicht durch die progressive (vom Beleg über die Buchhaltung zum Abschluß). Daß die Auxilia trotz der an sich für die damals unbekannten Verschleierungsbuchungen »richtigen« Prüfungsmaßnahmen nichts gefunden hat, liegt einfach daran, daß bei der direkten Prüfung, wie sie eben geschildert wurde, die Wahrscheinlichkeit der Aufdeckung getürkter Buchungen äußerst gering ist. Es wäre schon ein unwahrscheinlicher Zufall gewesen, wenn die Prüfer gerade mit dieser Methode Lettmüller auf die Schliche gekommen wären.

Der Streit, ob die Prüfer der Europapier nun ordnungsgemäß und »richtig« geprüft haben, wogt hin und her, der Autor erlaubt sich hier kein Urteil. Dieses ist auch gar nicht notwendig, es ging bei der Beschreibung der Arbeit der Prüfer und der Diskussionen im Umkreis ja darum, den interessierten und fachkundigen Leser auf die Probleme hinzuweisen, die der Fall Lettmüller aufgeworfen hat. Wiederum muß darauf hingewiesen werden, daß sowohl die Geschäftsführung der Europapier als auch die Prüfungskanzlei keine Ahnung von Lettmüllers Machen-

schaften hatten, und aus der Sicht des damaligen Wissensstandes ist die Arbeit der Prüfer wohl auch zu sehen und zu beurteilen. Nur, mit dem Wissen, das der Fall Lettmüller liefert, sollte ein zweiter ähnlicher Fall nicht mehr möglich sein. Vorausgesetzt, die Lehren werden von Unternehmern, Managern und Wirtschaftsprüfern daraus gezogen. Wenn die Meinung vertreten wurde, daß Lettmüller seine Unterschlagungen bei jedem österreichischen Unternehmen hätte machen können, so heißt dies auch, daß seine Unterschlagungen unter dem Gesichtspunkt der Wahrscheinlichkeit wohl auch anderen Wirtschaftsprüfern nicht aufgefallen wären. Ein Beispiel dafür läßt sich freilich nicht führen. Die Prüfer der Auxilia haben sich offenbar wie Hunderte andere Prüfer in Österreich verhalten. Sie waren auf die Entdeckung von Unterschlagungen vorbereitet, aber nicht auf eine Katastrophe wie den Fall Lettmüller und den Beinahe-Untergang eines Unternehmens. Der unauffällige Buchhalter Franz Lettmüller hat die Grenzen innerbetrieblicher Kontrollen aufgezeigt und Teilbereiche der Grundsätze ordnungsmäßiger Abschlußprüfung ad absurdum geführt. Einem Mann vom Kaliber Lettmüller sind diese nicht gewachsen. Für normale Geschäftsverläufe mögen die üblichen Prüfungsrichtlinien genügen. Einem Mann, der sowohl intelligent als auch entschlossen vorgeht, der instinktsicher jede Schwachstelle aufspürt und skrupellos zum eigenen Vorteil nützt, haben sie, wie gezeigt, wenig entgegenzusetzen.
Tatsache ist, daß die Auxilia die Europapier geprüft hat und nicht auf Lettmüller gestoßen ist. Wer dazu ein Urteil fällen möchte, sollte sich sicher sein, daß im eigenen Bereich nichts Ähnliches passieren kann.

Die Bilanz

»Sorget also nicht ängstlich für morgen. Der morgige Tag
wird seine eigene Sorge haben.«

Matthäus 6, 34

Das Schicksal der Beteiligten

Wie in einem alten, kitschigen Wildwestfilm lassen sich die Beteiligten, die im Fall Lettmüller die Hauptrollen innehatten, leicht verständlich in zwei Gruppen einteilen – die »Good Boys« und die »Bad Boys«.
Was wurde aus den »Guten«?
Die Papierhandelsfirma »Europapier«, die ja die Achse bildet, um die sich das ganze Buch dreht, ist endgültig konsolidiert. In vielen kleinen und mühsamen Schritten wurde das Fiasko des Falles Lettmüller überwunden. Trotz Wiederaufbaus der Eigenkapitaldecke, die ja von Lettmüller so bedrohlich zerrisssen wurde, soll die Europapier 1990 wieder Dividenden ausschütten. Die Mitarbeiter, die im Unternehmen verblieben sind, können aufatmen. Die gesamte Verwaltung wurde entrümpelt, die Betriebsabläufe neu organisiert, der Marketingbereich neu geordnet und neue Sorten in den Vertrieb aufgenommen. Für die Zukunft plant die Europapier eine Expansion über den österreichischen Markt hinaus.
Hauptverantwortlicher für diesen Erfolg ist Dr. Veit Sorger, dem Franz Lettmüller indirekt vielleicht zu einer großen Karriere verholfen hat. Mit dem Haupteigentümer der Europapier, der Neusiedler Papierfabrik aus dem Turnauer-Konzern, wurde auch die Europapier Ende 1988 an den Papierkonzern Frantschacher verkauft, dem zur Zeit größten privaten Industriekonzern Österreichs. Die unübersehbaren Leistungen Sorgers bei der Rettung der Europapier waren sicherlich dafür mit ausschlaggebend, daß Dr. Veit Sorger heute im Vorstand der Frantschacher und bei Salzer im Aufsichtsrat sitzt.
Dr. Josef Taus, ehemals Generaldirektor der Turnauer-Holding »Constantia«, machte sich selbständig, und auch der Generaldirektor der Neusiedler Papierfabrik, Dipl.-Ing. Manfred Leeb, schied aus dem Turnauer-Konzern aus.

Der Generaldirektor einer weiteren Gesellschaft, die an der Europapier beteiligt ist, Dr. Heinz Kessler von der Nettingsdorfer Papierfabrik, übernahm im Frühjahr 1988 die ehrenvolle und wichtige Position des Präsidenten der Vereinigung österreichischer Industrieller.

Dr. Erhard Grossnigg, der Sanierungsexperte, der einen wichtigen Teil zum Überleben der Europapier beitrug, ist seit Februar 1989 neben seinen vielen Funktionen in der heimischen Wirtschaft nun auch Unternehmer. Er übernahm die Mehrheitsanteile an der traditionsreichen Tiroler Schifabrik Kneissl.

Zu erwähnen ist noch der Traberhengst »Lucky Joe«, einst Lettmüllers Lieblingspferd. Er wurde um 700 000 Schilling von der Europapier an einen privaten Pferdefan verkauft.

Und wie erging es den »Bad Boys«?

Wie es ein Schnulzen-Drehbuch vorsehen könnte, es erging ihnen schlecht. Die Millionen von der Europapier haben dem Freundeskreis um Franz Lettmüller kein Glück gebracht, die meisten von ihnen werden sich vor Gericht verantworten müssen. Inwiefern sie wirklich schuldhaft in die Machenschaften Lettmüllers verstrickt sind, wird erst ein rechtskräftiges Urteil feststellen müssen. Bis dahin dürften sie wenige ruhige Minuten haben.

Bleiben noch die beiden »Hauptsünder« des ganzen Falles Lettmüller, dessen Freundin Irene Bogyi und Lettmüller selbst.

In einem Strafprozeß wurden beide in erster Instanz zu Gefängnisstrafen verurteilt. Am 23. Dezember 1988, einen Tag vor Weihnachten, wurden nach zweiwöchigem Prozeß die Urteile gefällt. Irene Bogyi bekam fünfeinhalb Jahre wegen Beteiligung am gewerbsmäßigen schweren Betrug und wegen des Verbrechens der Veruntreuung. Sie mußte ihr Leben in verschwenderischem Luxus gegen das spartanische Dasein in einer Gefängniszelle tauschen, das Gericht schenkte ihren Beteuerungen, von der Herkunft des Geldes nichts gewußt zu haben, keinen Glauben. Ein hoher Preis für den Luxus, den sie einst genossen hatte. Nur Irene Bogyi selbst weiß, ob und wie sehr sie zu den Verbrechen Lettmüllers beigetragen hat.

Wie immer in solchen Fällen kamen auch einige Unschuldige zum Handkuß. So der nahezu zwölfjährige Sohn aus der Beziehung zwischen Lettmüller und Bogyi, aber auch die fünf anderen Kinder Franz Lettmüllers, die mit dem Makel aufwachsen müssen, daß ihr Vater ein Großbetrüger war und hinter Gittern sitzt. Lettmüllers zwei Frauen, seine geschiedene und seine jetzige, Christine Lettmüller, werden mit finanziellen Schwierigkeiten zu kämpfen haben. Christine Lettmüller, die ehemalige Amateur-Europameisterin im Trabfahren, wird noch vor Gericht erscheinen müssen, der Ausgang ist ungewiß.

Und was soll aus den drei Kindern aus dieser Ehe werden? Diese Frage wird sich nun vielleicht – zu spät – Franz Lettmüller stellen. Er war ja die Hauptperson des Dramas, das so viele Menschen ins Unglück stürzte. Und doch war er nur ein Getriebener, der den Lauf seines Geschickes subjektiv gesehen nicht bestimmen konnte.

Lettmüller wurde in erster Instanz zu acht Jahren Haft verurteilt, wenn er wieder freigelassen wird, wird er an die Fünfzig sein, mittellos, weil er ja der Europapier noch ein kaum ermeßliches Vermögen schuldet. Wen Gott strafen will, dem erfüllt er seine Wünsche, sagt der Volksmund. Aber wurden Franz Lettmüllers Wünsche wirklich erfüllt?

Der talentierte, ideenreiche Zauberkünstler der Buchhaltung, der bis heute die Fachwelt in Atem hält, blickt, so hört man, im Gefängnis optimistisch in die Zukunft. Mit einem Schlag wurden alle Fesseln gekappt, in die er durch Jahre hindurch verstrickt gewesen war. Der Mann, der einen ungeheuren Reichtum sinnlos verpraßt hat, macht sich heute Gedanken, wovon man ihn später wird leben lassen. Dem Vernehmen nach träumt er von einem eigenen Restaurant, weil von guter Küche verstehe er ja nun wirklich etwas. Wie wahr.

Vielleicht gehört Franz Lettmüller zu jener Sorte Menschen, die gemäß dem Motto leben, wichtig sei nicht, was man hat, sondern was man einmal gehabt habe. Die Erinnerung kann einem niemand stehlen, und was Franz Lettmüller in seinen goldenen Jahren erfahren hat, entzieht sich dem Vorstellungsvermögen des Normalbürgers. Lettmüller lebte einige Jahre mit gestohlenem Geld und von geborgter Zeit in Saus und Braus. Es war ein ungedeckter Wechsel auf den Rest seiner Jahre.

Anhang
Liste der Schecks

Fakten Nr.	Tatzeit	Bank	Scheck-Nr.		Betrag
1	21. 12. 78	LB1	117	S	50 000,—
2	22. 02. 79	LB1	118	S	95 000,—
3	07. 03. 79	LB1	119	S	110 000,—
4	04. 04. 79	LB1	120	S	160 000,—
5	03. 05. 79	LB1	121	S	220 000,—
6	08. 06. 79	LB1	122	S	129 600,—
7	18. 06. 79	LB1	123	S	303 740,—
8	09. 07. 79	LB1	126	S	356 360,—
9	16. 07. 79	LB1	125	S	346 851,32
10	13. 08. 79	LB1	127	S	129 600,—
11	03. 09. 79	LB1	128	S	399 013,36
12	27. 09. 79	LB1	129	S	129 620,—
13	09. 11. 79	LB1	130	S	134 200,—
14	23. 11. 79	LB1	131	S	183 649,—
15	25. 11. 79	LB1	133	S	47 104,—
16	30. 11. 79	LB1	132	S	129 600,—
17	11. 12. 79	LB1	136	S	421 100,—
18	13. 12. 79	LB1	134	S	62 769,—
19	04. 01. 80	LB1	137	S	269 500,—
20	05. 02. 80	LB1	138	S	190 000,—
21	20. 02. 80	LB1	139	S	380 538,—
22	04. 03. 80	LB1	140	S	373 243,10
23	05. 03. 80	LB1	524	S	119 436,06
24	06. 03. 80	LB1	522	S	235 796,42
25	07. 03. 80	LB1	523	S	141 255,09
26	10. 03. 80	LB1	525	S	380 500,—
27	19. 03. 80	LB1	526	S	572 300,—
28	11. 04. 80	LB1	527	S	227 000,—
29	18. 04. 80	LB1	526	S	194 283,46
30	13. 06. 80	LB1	529	S	432 000,—
31	04. 07. 80	LB1	530	S	481 300,—
32	24. 07. 80	LB1	531	S	199 354,—
33	10. 09. 80	BAWAG	304	S	217 000,—
34	17. 09. 80	LB1	532	S	175 000,—
35	25. 09. 80	BAWAG	830	S	218 714,—
36	07. 10. 80	BAWAG	306	S	338 200,—
37	15. 10. 80	LB1	533	S	150 000,—

38	23. 10. 80	BAWAG	308	S	150 000,—
39	07. 11. 80	LB1	534	S	487 900,—
40	19. 11. 80	BAWAG	310	S	301 538,20
41	27. 11. 80	BAWAG	312	S	419 361,—
42	05. 12. 80	LB1	535	S	317 900,—
43	23. 12. 80	LB1	537	S	324 000,—
44	09. 01. 81	BAWAG	311	S	200 000,—
45	29. 01. 81	CA-BV	554	S	97 372,80
46	05. 02. 81	CA-BV	557	S	101 232,07
47	13. 02. 81	BAWAG	313	S	254 900,—
48	20. 02. 81	CA-BV	562	S	180 000,—
49	25. 02. 81	BAWAG	314	S	183 600,—
50	27. 02. 81	CA-BV	563	S	119 971,90
51	06. 03. 81	CA-BV	570	S	238 968,88
52	13. 03. 81	CA-BV	567	S	147 400,—
53	26. 03. 81	CA-BV	573	S	281 323,—
54	06. 04. 81	CA-BV	574	S	337 587,56
55	10. 04. 81	CA-BV	701	S	272 200,—
56	15. 04. 81	CA-BV	702	S	200 000,—
57	30. 04. 81	CA-BV	024	S	116 246,—
58	06. 05. 81	LB1	539	S	171 390,60
59	12. 05. 81	BAWAG	315	S	337 587,56
60	12. 05. 81	LB1	540	S	420 200,—
61	29. 05. 81	LB1	541	S	324 000,—
62	10. 07. 81	LB1	547	S	283 300,—
63	23. 07. 81	LB1	542	S	58 912,72
64	26. 06. 81	BAWAG	316	S	238 968,88
65	30. 07. 81	LB1	543	S	165 000,—
66	13. 08. 81	LB1	544	S	263 500,—
67	09. 09. 81	CA-BV	700	S	402 900,—
68	16. 09. 81	CA-BV	710	S	196 098,—
69	14. 10. 81	LB1	545	S	263 900,—
70	16. 10. 81	LB1	546	S	180 000,—
71	23. 10. 81	Z	073	S	294 470,—
72	04. 11. 81	CA-BV	711	S	109 261,—
73	04. 11. 81	LB1	549	S	440 000,—
74	27. 11. 81	LB1	548	S	185 000,—
75	29. 12. 81	LB1	550	S	305 887,20
76	31. 12. 01	LB1	551	S	343 269,88
77	15. 01. 82	LB1	552	S	293 200,—
78	29. 01. 82	LB1	533	S	255 182,08
79	05. 02. 82	LB1	554	S	472 999,66

80	23. 02. 82	LB1	555	S	489 400,—
81	19. 02. 82	BAWAG	721	S	195 000,—
82	31. 03. 82	CA-BV	722	S	200 000,—
83	31. 03. 82	LB1	556	S	238 968,88
84	02. 04. 82	CA-BV	723	S	141 190,50
85	09. 04. 82	LB1	557	S	491 600,—
86	03. 05. 82	LB1	558	S	324 000,—
87	10. 05. 82	CA-BV	724	S	531 543,79
88	28. 05. 82	LB1	559	S	200 000,—
89	15. 06. 82	LB1	560	S	632 000,—
90	18. 06. 82	CA-BV	726	S	212 000,—
91	02. 07. 82	LB1	561	S	739 985,74
92	22. 07. 82	CA-BV	029	S	617 995,50
93	20. 08. 82	CA-BV	032	S	200 000,—
94	02. 09. 82	LB1	562	S	751 772,—
95	17. 09. 82	LB1	563	S	302 000,—
96	21. 09. 82	CA-BV	727	S	245 000,—
97	24. 09. 82	LB1	564	S	741 716,17
98	08. 10. 82	CA-BV	731	S	165 300,—
99	22. 10. 82	LB1	565	S	739 985,74
100	12. 11. 82	LB1	566	S	199 908,20
101	19. 11. 82	LB1	567	S	200 000,—
102	07. 12. 82	LB1	569	S	735 496,79
103	10. 12. 82	LB1	568	S	451 330,—
104	23. 12. 82	CA-BV	703	S	209 680,50
105	07. 01. 83	LB1	570	S	184 182,12
106	07. 01. 83	LB1	571	S	192 186,—
107	04. 02. 83	LB1	572	S	250 000,—
108	04. 02. 83	CA-BV	730	S	636 223,96
109	08. 02. 83	LB1	573	S	800 000,—
110	11. 02. 83	LB1	574	S	315 000,—
111	17. 02. 83	LB1	575	S	957 960,—
112	03. 03. 83	LB1	577	S	296 800,—
113	04. 03. 83	LB1	576	S	190 400,—
114	10. 03. 83	LB1	578	S	761 384,—
115	25. 03. 83	LB1	579	S	259 714,—
116	31. 03. 83	LB1	580	S	259 101,—
117	01. 04. 83	CA-BV	033	S	757 000,—
118	13. 04. 83	LB1	581	S	853 150,—
119	15. 04. 83	CA-BV	034	S	492 000,—
120	20. 04. 83	LB1	582	S	190 000,—
121	28. 04. 83	CA-BV	036	S	864 664,—

122	06. 05. 83	CA-BV	039	S	190 600,—
123	17. 05. 83	LB1	583	S 1	125 700,—
124	31. 05. 83	LB1	585	S	50 000,—
125	01. 06. 83	LB1	584	S	955 800,—
126	10. 06. 83	LB1	586	S	775 600,—
127	10. 06. 83	CA-BV	041	S	205 900,—
128	23. 06. 83	LB1	587	S 1	406 403,—
129	08. 07. 83	CA-BV	044	S	554 200,—
130	20. 07. 83	CA-BV	045	S	200 000,—
131	28. 07. 83	CA-BV	047	S 1	255 075,88
132	04. 08. 83	CA-BV	050	S	845 988,—
133	11. 08. 83	CA-BV	049	S	290 000,—
134	11. 08. 83	LB2	721	S	305 300,—
135	25. 08. 83	LB2	722	S 1	250 000,—
136	01. 09. 83	LB2	723	S	890 000,—
137	09. 09. 83	LB2	724	S	530 800,—
138	16. 09. 83	LB2	725	S	899 250,—
139	23. 09. 83	LB2	726	S	959 500,—
140	29. 09. 83	LB2	727	S	255 075,88
141	06. 10. 83	LB2	728	S	851 151,—
142	20. 10. 83	LB2	729	S 1	255 075,88
143	28. 10. 83	LB2	730	S	240 000,—
144	09. 11. 83	LB2	751	S 1	186 000,—
145	24. 11. 83	LB2	732	S 1	255 075,88
146	01. 12. 83	LB2	733	S	940 000,—
147	13. 12. 83	LB2	734	S	865 700,—
148	20. 12. 83	LB2	735	S 1	240 856,—
149	03. 01. 84	LB2	736	S	992 040,—
150	12. 01. 84	LB2	738	S	625 000,—
151	19. 01. 84	LB2	739	S 1	169 803,50
152	26. 01. 84	LB2	740	S 1	113 500,—
153	03. 02. 84	LB2	741	S	810 000,—
154	10. 02. 84	LB2	742	S	566 500,—
155	17. 02. 84	LB2	743	S 1	115 000,—
156	29. 02. 84	LB2	744	S	810 000,—
157	09. 03. 84	LB2	745	S 1	218 400,—
158	26. 03. 84	LB2	746	S 1	339 297,10
159	30. 03. 84	LB2	747	S	920 000,—
160	09. 04. 84	LB2	748	S 1	222 000,—
161	27. 04. 84	LB2	749	S 1	406 896,—
162	04. 05. 84	LB2	750	S 1	157 700,—
163	14. 05. 84	LB2	752	S 1	222 300,—

164	17. 05. 84	LB2	753	S 2 165 000,—
165	25. 05. 84	LB2	751	S 1 276 233,—
166	01. 06. 84	LB2	754	S 1 260 500,—
167	08. 06. 84	LB2	755	S 807 000,—
168	15. 06. 84	LB2	756	S 1 123 775,—
169	29. 06. 84	LB2	757	S 1 259 399,20
170	06. 07. 84	LB2	758	S 380 000,—
171	20. 07. 84	LB2	759	S 1 195 000,—
172	31. 07. 84	LB2	391	S 1 194 000,—
173	14. 08. 84	LB2	761	S 1 213 400,—
174	05. 09. 84	LB2	762	S 1 739 500,—
175	14. 09. 84	LB2	763	S 1 244 000,—
176	26. 09. 84	LB2	764	S 1 020 000,—
177	03. 10. 84	LB2	765	S 925 000,—
178	11. 10. 84	LB2	766	S 1 362 000,—
179	25. 10. 84	LB2	767	S 1 123 000,—
180	09. 11. 84	LB2	768	S 1 220 500,—
181	23. 11. 84	LB2	769	S 2 280 769,50
182	30. 11. 84	LB2	770	S 920 000,—
183	10. 12. 84	LB2	392	S 1 187 000,—
184	20. 12. 84	LB2	393	S 1 302 958,80
185	10. 01. 85	LB2	394	S 1 302 111,70
186	25. 01. 85	LB2	395	S 1 020 000,—
187	07. 02. 85	LB2	396	S 1 286 500,—
188	25. 02. 85	LB2	397	S 1 283 370,30
189	11. 03. 85	LB2	398	S 2 211 030,—
190	28. 03. 85	LB2	399	S 1 462 988,—
191	16. 04. 85	LB2	400	S 1 260 000,—
192	23. 04. 85	LB2	401	S 940 000,—
193	06. 05. 85	LB2	402	S 1 118 750,—
194	14. 05. 85	LB2	403	S 1 059 100,—
195	23. 05. 85	LB2	404	S 2 118 788,90
196	30. 05. 85	LB2	405	S 1 400 200,—
197	07. 06. 85	LB2	406	S 1 352 000,—
198	14. 06. 85	LB2	407	S 1 208 000,—
199	28. 06. 85	LB2	408	S 1 260 001,50
200	04. 07. 85	LB2	409	S 1 658 500,—
201	12. 07. 85	LB2	410	S 1 360 000,—
202	24. 07. 85	LB2	411	S 1 175 076,—
203	12. 08. 85	LB2	412	S 2 217 927,—
204	01. 08. 85	LB2	413	S 1 230 300,—
205	26. 08. 85	LB2	414	S 1 300 000,—

206	06. 09. 85	LB2	415	S 2 227 800,—
207	13. 09. 85	LB2	416	S 3 360 715,—
208	19. 09. 85	LB2	417	S 2 354 748,—
209	08. 10. 85	LB2	418	S 2 323 485,—
210	11. 10. 85	LB2	419	S 2 227 800,—
211	17. 10. 85	LB2	420	S 3 425 500,—
212	25. 11. 85	LB2	421	S 2 354 750,—
213	08. 11. 85	LB2	422	S 2 243 400,—
214	18. 11. 85	LB2	423	S 2 298 304,—
215	29. 11. 85	LB2	424	S 1 339 259,—
216	06. 12. 85	LB2	426	S 1 787 800,—
217	16. 12. 85	LB2	427	S 2 400 721,—
218	17. 12. 85	LB2	428	S 100 362,—
219	23. 12. 85	LB2	429	S 2 090 893,—
220	03. 01. 86	LB2	430	S 2 253 000,—
221	16. 01. 86	LB2	431	S 2 125 000,—
222	29. 01. 86	LB2	432	S 2 228 560,—
223	14. 02. 86	LB2	433	S 2 550 750,—
224	27. 02. 86	LB2	434	S 2 271 000,—
225	10. 03. 86	LB2	435	S 2 215 600,—
226	21. 03. 86	LB2	436	S 2 208 000,—
227	03. 04. 86	LB2	437	S 2 280 500,—
228	14. 04. 86	LB2	438	S 2 456 600,—
229	25. 04. 86	LB2	439	S 2 207 300,—
230	07. 05. 86	LB2	440	S 2 245 000,—
231	16. 05. 86	LB2	001	S 2 120 000,—
232	30. 05. 86	LB2	002	S 2 020 000,—
233	17. 06. 86	LB2	003	S 2 375 430,—
234	25. 06. 86	LB2	004	S 2 235 150,—
235	30. 06. 86	LB2	005	S 2 227 071,90
236	09. 07. 86	LB2	006	S 2 658 000,—
237	18. 07. 86	LB2	007	S 2 095 332,60
238	25. 07. 86	LB2	008	S 2 250 000,—
239	22. 08. 86	LB2	012	S 3 241 200,—
240	29. 08. 86	LB2	010	S 2 182 719,—
241	05. 09. 86	LB2	013	S 2 269 500,—
242	24. 09. 86	LB2	014	S 2 226 745,—
243	06. 10. 86	LB2	015	S 2 308 400,—
244	17. 10. 86	LB2	016	S 2 446 800,—
245	24. 10. 86	LB2	017	S 3 371 178,—
246	04. 11. 86	LB2	018	S 2 286 000,—
247	14. 11. 86	LB2	019	S 2 226 740,—

248	26. 11. 86	LB2	020	S 2 270 000,—
249	12. 12. 86	LB2	021	S 2 702 000,—
250	22. 12. 86	LB2	022	S 3 254 203,60
251	09. 01. 87	LB2	023	S 3 307 800,—
252	23. 01. 87	LB2	024	S 3 225 500,—
253	06. 02. 87	LB2	025	S 3 319 496,—
254	18. 02. 87	LB2	026	S 3 231 096,—
255	02. 03. 87	LB2	027	S 3 253 678,—
256	10. 03. 87	LB2	028	S 3 315 924,—